Oxide des Kohlenstoffs

> **Grundwissen**
>
> **Kohlenstoffdioxid CO₂** und **Kohlenstoffmonooxid CO** sind Oxide des Kohlenstoffs. Sie sind an vielen Vorgängen in Natur und Technik beteiligte Gase.

1 Eigenschaften und Herstellung von Kohlenstoffdioxid

Fülle die Tabelle aus.

Stoff	Kohlenstoffdioxid
Farbe	
Aggregatzustand bei 20 °C	
Dichte im Vergleich zur Dichte von Luft	
Brennbarkeit	
Giftigkeit	
Herstellung	1. _____ _____ 2. _____ _____
Reaktionsgleichung	1. _____ 2. _____

2 Bedeutung und Verwendung von Kohlenstoffdioxid

Führe die Verwendungen bzw. Bedeutungen von Kohlenstoffdioxid auf seine Eigenschaften zurück, indem du die Kästchen einander zuordnest. Markiere die zusammengehörenden Kästchen mit gleicher Farbe. Es können jeweils zwei, drei oder vier Kästchen zusammengehören.

nicht brennbar

Verwendung in Feuerlöschern

Trockeneis

verdampft leicht

Atmung

Verbrennung fossiler Brennstoffe

Zusatz in Limonaden

Kältemittel

entsteht bei biochemischen Prozessen

größere Dichte als Luft

prickelnder Effekt

Verstärkung des Treibhauseffekts

festes Kohlenstoffdioxid

alkoholische Gärung

3 Nachweis von Kohlenstoffdioxid

Beschreibe den Nachweis von Kohlenstoffdioxid und notiere die Reaktionsgleichung.

_____

_____

Reaktionsgleichung: _____

4 Kohlenstoffmonooxid

Walsrode. Eine dreiköpfige Familie aus Walsrode-Benzen (Kreis Soltau-Fallingbostel) ist an den Folgen einer Rauchvergiftung gestorben … Der 66 Jahre alte Bauer, seine 53 Jahre alte Frau und die 23-jährige Tochter seien offensichtlich beim Frühstück von geruchlosem Kohlenstoffmonooxid überrascht worden, das aus dem Küchenofen drang. Die Polizei vermutet, dass der Ofen trotz des warmen Wetters in Betrieb war, weil der Bauer an Diabetes litt und oft fror.
Als eine andere Tochter der Familie am Abend nach dem Rechten sehen wollte, fand sie ihre Angehörigen nur noch tot. Der Kohleofen sei noch in Betrieb gewesen, sagte ein Polizeisprecher. Nach ersten Ermittlungen der Polizei wird vermutet, dass der acht Meter hohe Schornstein des Bauernhauses infolge der schwülwarmen Wetterlage und durch den auf geringste Luftzufuhr gestellten Ofen nicht genug Zug entwickelte, um das Austreten von Kohlenstoffmonooxid in den Raum zu verhindern.

Alter Kohleofen

a) Lies den Zeitungsartikel.
b) Notiere die im Artikel genannten Eigenschaften von Kohlenstoffmonooxid.

_____

c) Erläutere unter Verwendung von Fachbegriffen, wie sich Kohlenstoffmonooxid in der Küche bilden konnte.

_____

_____

_____

_____

_____

_____

d) Notiere die Wortgleichung und die Reaktionsgleichung.

_____

_____

e) Recherchiere, worauf die Giftigkeit des Kohlenstoffmonooxids beruht.

_____

_____

Kreislauf des Kohlenstoffdioxids und Treibhauseffekt

▶ Grundwissen

Kohlenstoffdioxid befindet sich in der Natur in einem ständigen Kreislauf zwischen Lufthülle, Gesteins-hülle und Wasser der Erde sowie den lebenden Organismen.
Dieses Gas und andere **Treibhausgase** wie Methan, Ozon und Wasserdampf bewirken den **natürlichen Treibhauseffekt** auf der Erde, der die mittlere Temperatur auf der Erdoberfläche bei etwa 15 °C hält.
Vor allem durch den massenhaften Ausstoß an Kohlenstoffdioxid beim Verbrennen fossiler Brennstoffe erhöht sich der Anteil der Treibhausgase in der Atmosphäre und der Treibhauseffekt wird verstärkt.
Das führt zum Anstieg der Durchschnittstemperatur auf der Erde.

1　Kohlenstoffdioxidkreislauf

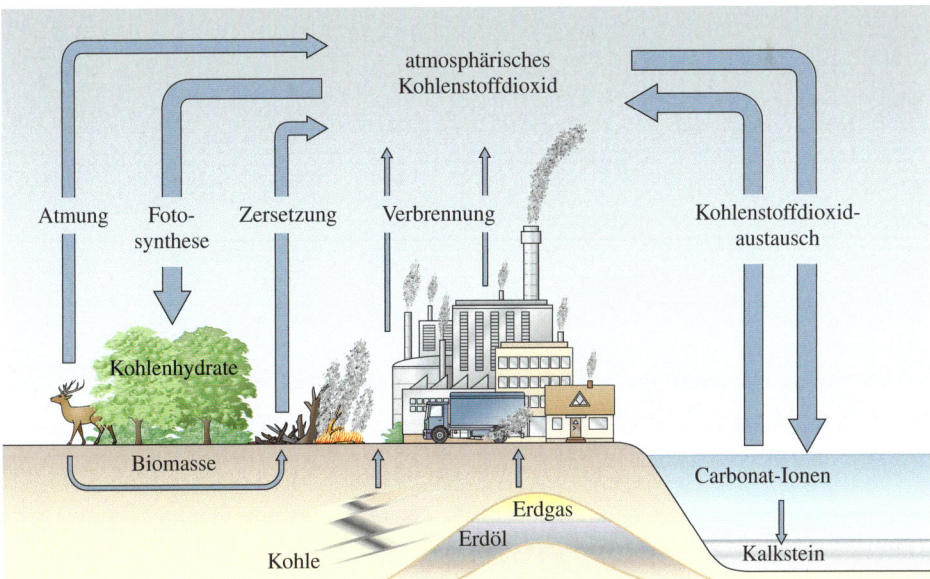

Beschreibe die in der Abbildung dargestellten Prozesse.

Atmung: _____

Fotosynthese: _____

_____

Zersetzung: _____

_____

Verbrennung: _____

_____

Kohlenstoffdioxidaustausch:

_____

_____

_____

_____

2   Der Treibhauseffekt

a)   Beschreibe, wie es zum natürlichen Treibhauseffekt kommt.

Lichtstrahlung:

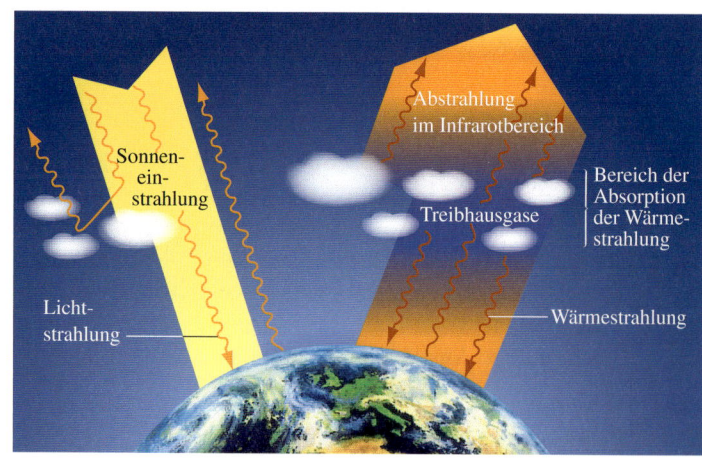

_____

_____

_____

_____

_____

Wärmestrahlung:

_____

_____

_____

b)   Nenne Gefahren, die mit der Verstärkung des Treibhauseffekts verbunden sind.

_____

_____

_____

3   Treibhausgas Kohlenstoffdioxid

Im Kyoto-Protokoll von 1997 legten sich die Industrieländer erstmals auf verbindliche Zielvorgaben für den Ausstoß an Kohlenstoffdioxid fest (gemessen am Ausstoß von 1990). Die Tabelle zeigt exemplarisch die Zielvorgaben einiger Staaten und deren Emissionen in den Jahren 1990 und 2007.

Staat	Emissionen 1990 in Mio. t CO_2	Verpflichtete Emissionsänderung bis 2008–2012	Emissionen 2007 in Mio. t CO_2	Emissionsänderung	Abweichung
USA	6084	keine (ursprünglich –7,0 %)	7107	+16,8 %	+23,8 %
Japan	1270	–6,0 %	1374		
Deutschland	1215	–21,0 %	956		
Großbritannien	774	–12,5 %	640		
Kanada	592	–6,0 %	747		
Frankreich	566	0 %	536		
Spanien	288	+15,0 %	442		

a)   Berechne die Emissionsänderung im Vergleich zu 1990 sowie die Abweichung von der Zielvorgabe (jeweils in %). Trage die Werte in die Tabelle ein.

b) In der Tabelle sind die Volumenanteile CO_2 in der Atmosphäre seit 1960 angegeben. Werte die Tabelle in einem Diagramm grafisch aus.

Jahr	Volumenanteil CO_2 in %
1960	0,0317
1970	0,0326
1980	0,0339
1990	0,0354
2000	0,0369
2010	0,0390

c) Schätze die Wirksamkeit der Beschlüsse des Kyoto-Protokolls im Hinblick auf das Ziel ab, den CO_2-Ausstoß zu reduzieren und den Anstieg des Volumenanteils CO_2 in der Atmosphäre zu vermindern. Verwende dazu die Angaben aus den beiden obigen Tabellen.

_____

_____

_____

Kohlensäure, Carbonate und Wasserhärte

▶ Grundwissen

Beim Einleiten von Kohlenstoffdioxid in Wasser bildet sich **Kohlensäure H_2CO_3**. Kohlensäure zerfällt leicht wieder in Kohlenstoffdioxid und Wasser. Bildung und Zerfall von Kohlensäure sind **umkehrbare Reaktionen**. Die Salze der Kohlensäure sind die **Carbonate**. **Calciumcarbonat** dient in Form von **Kalkstein** und **Marmor** als Baustoff. Als **Wasserhärte** wird der Gesamtanteil an gelösten Calcium- und Magnesiumverbindungen im Wasser angegeben.

1   Kohlensäure

Die dargestellten Versuche werden durchgeführt. Notiere die Beobachtungen. Deute sie und erstelle die Reaktionsgleichungen.

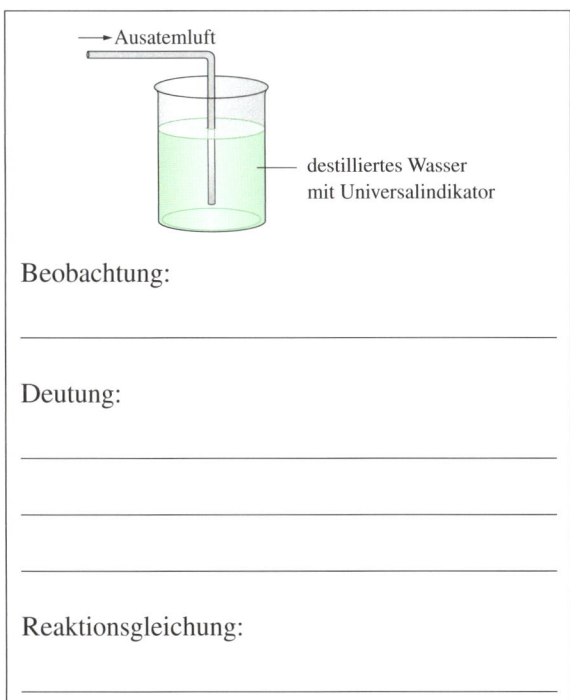

Beobachtung:

_____

Deutung:

_____

_____

_____

Reaktionsgleichung:

_____

Beobachtung:

_____

Deutung:

_____

_____

_____

Reaktionsgleichung in Ionenschreibweise:

_____

2   Umkehrbare Reaktion

Notiere die Reaktionsgleichung für Bildung und Zerfall von Kohlensäure.

_____

Gib an, wie sich Temperatur- und Druckänderung auf Bildung bzw. Zerfall auswirken.

Temperaturerhöhung	begünstigt	_____	der Kohlensäure.
Temperaturerniedrigung	begünstigt	_____	der Kohlensäure.
Druckerhöhung	begünstigt	_____	der Kohlensäure.
Druckverminderung	begünstigt	_____	der Kohlensäure.

3   Kohlensäure und Carbonate

Die abgebildeten Versuche werden durchgeführt. Werte die Versuche aus.

Ausatemluft

Kalkwasser

Beobachtung:

_____

_____

Deutung:

_____

_____

_____

_____

_____

Reaktionsgleichung:

_____

Ionengleichung:

_____

verdünnte
Salzsäure

Calcium-
carbonat

Beobachtung:

_____

_____

Deutung:

_____

_____

_____

_____

_____

Reaktionsgleichung:

_____

_____

4 Vom Kalkstein zum Kalkstein auf zwei Wegen

Vervollständige die Übersicht.

Kalkstein
(Calciumcarbonat)

Starkes Erhitzen
(Kalkbrennen)

Einwirken von kohlen-
stoffdioxidhaltigem
Wasser

Reaktionsgleichung:

Reaktionsgleichung:

_____

_____

Produkt: _____

Produkt: _____

Umsetzen mit Wasser
(Kalklöschen)

_____

Reaktionsgleichung:

_____

Produkt: _____

Reaktion mit
Kohlenstoffdioxid
der Luft

Eindunsten oder
Eindampfen

_____

Reaktionsgleichung:

Reaktionsgleichung:

_____

_____

Kalkstein

Praktische Bedeutung:

Praktische Bedeutung:

_____

_____

_____

_____

5 Wasserhärte

a) Beschreibe zwei Möglichkeiten, die Wasserhärte zu prüfen.

1. Möglichkeit: _____

_____

2. Möglichkeit: _____

b)   Gib an, wodurch sich hartes und weiches Wasser unterscheiden.

_____

_____

Kohlenstoff – ein bedeutendes chemisches Element

▶ Grundwissen

Kohlenstoff ist ein Element der IV. Hauptgruppe. Er kommt in den Modifikationen **Graphit**, **Diamant** und **Fulleren** vor. Die Atome des Kohlenstoffs besitzen 6 Protonen im Atomkern und 6 Elektronen in der Atomhülle, die aus zwei besetzten Elektronenschalen aufgebaut ist. 4 der Elektronen sind Außenelektronen.

1   Kohlenstoff – Bau und Eigenschaften

a)   Ergänze die Tabelle.

Modifikation des Kohlenstoffs		
Teilchen, aus denen die Modifikation besteht		
Anordnung der Teilchen im Modell		
Unterschiede im Bau der beiden Modifikationen		
Unterschiedliche Eigenschaften der beiden Modifikationen		

b)   Begründe die geringe Neigung der Kohlenstoffatome zur Ionenbildung mit ihrem Bau.

_____

_____

_____

_____

_____

2 Eigenschaften und Verwendung von Kohlenstoff

Ergänze in der Tabelle zusammengehörende Eigenschaften und Verwendungen.

Element	Eigenschaft	Verwendung
Kohlenstoff als Diamant	stark lichtbrechend	_____
	_____	Besatz von Bohr- und Schneidwerkzeugen
_____	_____	Herstellung von Bleistiftminen
Kohlenstoff als Graphit	_____	
	_____	
	_____	_____
	leitet den elektrischen Strom	_____
_____	_____	_____

Silicium – vom Sand zum Computerchip

► Grundwissen

Silicium ist das zweithäufigste Element der Erdkruste. Es kommt in der Natur nur in Verbindungen vor. Silicium ist ein **Halbmetall**, es steht also mit seinen Eigenschaften zwischen den Metallen und den Nichtmetallen.

1 Stoffeigenschaften von Silicium

a) Nenne Stoffeigenschaften von Silicium. Ordne nach metallischen und nichtmetallischen Eigenschaften.

Nichtmetallische Eigenschaften: _____

_____

Metallische Eigenschaften: _____

_____

_____

_____

b) Begründe die große Härte von Silicium mit seinem Bau.

_____

_____

_____

_____

2 Mangel an Silicium?

Silicium ist das häufigste Element in der Erdkruste. Dennoch war dieses Halbmetall in den letzten Jahren so knapp und teuer, dass z. B. die Solarindustrie, die Silicium benötigt, in ihrem Wachstum gebremst wurde. Erkläre diesen Widerspruch.

_____

_____

_____

_____

3 Nur mit ein paar Fremdatomen verunreinigt?

In der Halbleiterindustrie werden hochreine Einkristalle von Silicium benötigt, bei denen auf 10 Milliarden Siliciumatome nur ein einziges Fremdatom kommt. Überschlage, wie viele Fremdatome es in einem Einkristall von 28 kg gibt. Gib in deiner Antwort auch die Reinheit eines solchen Kristalls in Prozent an.

Siliciumeinkristall

Glas – ein unverzichtbarer Werkstoff

▶ Grundwissen

Glas gehört zu den ältesten Werkstoffen. Hauptbestandteil von Glas ist Siliciumdioxid SiO_2.

1 Rund um Glas

Vervollständige die Übersicht.

```
                              ┌──────────┐
                              │   Glas   │
                              └──────────┘
```

Zur Herstellung verwendete Stoffe	Eigenschaften	Formgebung im flüssigen Zustand durch	Verwendung

Vielfalt organischer Verbindungen

▶ Grundwissen

Die **organische Chemie** ist die Chemie der Kohlenstoffverbindungen. Davon ausgenommen sind die Oxide des Kohlenstoffs, die Kohlensäure und die Carbonate. Derzeit sind etwa 19 Mio. organische Verbindungen bekannt. Die schier unendliche Vielfalt organischer Verbindungen beruht auf den unbegrenzten Verknüpfungsmöglichkeiten der Kohlenstoffatome untereinander.

1 Das Besondere an organischen Verbindungen

a) Notiere die Beobachtungen zu den abgebildeten Versuchen. Ermittle die geforderte Information im letzten Kasten mithilfe eines Tabellenwerks.

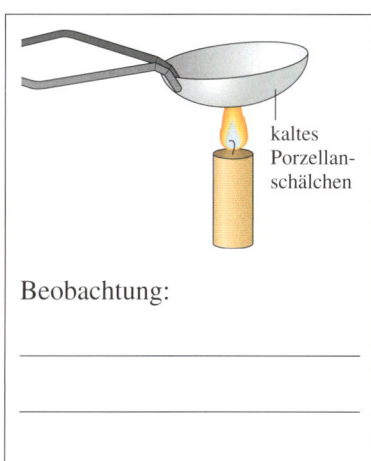

kaltes Porzellan-schälchen

Beobachtung:

_____

_____

_____

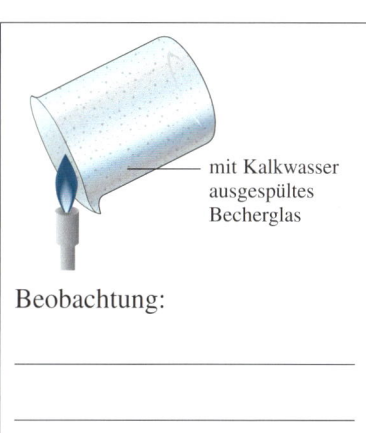

mit Kalkwasser ausgespültes Becherglas

Beobachtung:

_____

_____

_____

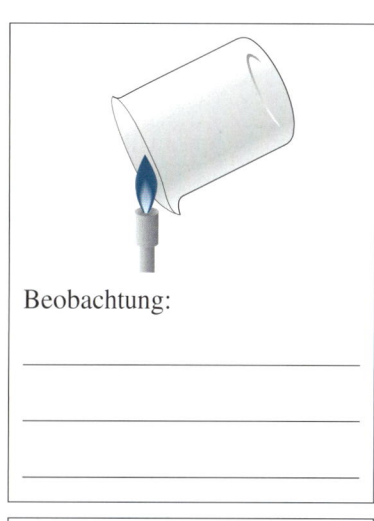

Beobachtung:

_____

_____

_____

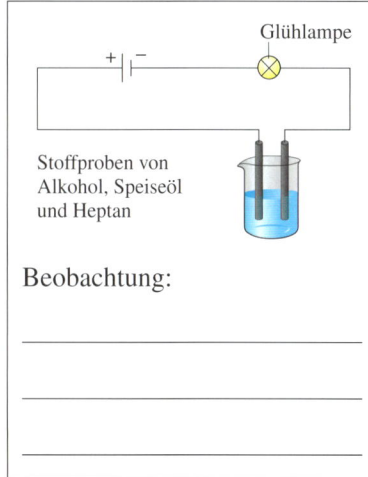

Glühlampe

Stoffproben von Alkohol, Speiseöl und Heptan

Beobachtung:

_____

_____

_____

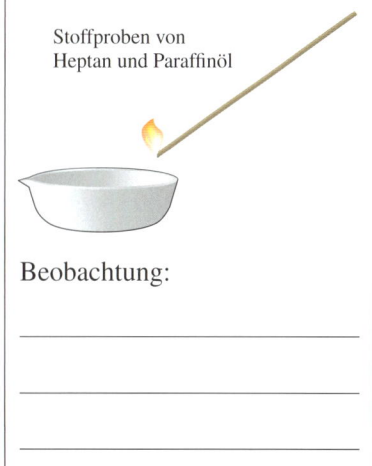

Stoffproben von Heptan und Paraffinöl

Beobachtung:

_____

_____

_____

Vergleich der Siedetemperaturen von anorganischen Stoffen wie Natriumchlorid und Blei mit denen von organischen Stoffen wie Essigsäure und Ethanol:

_____

_____

_____

b) Werte die Informationen aus den Kästen aus.

– Alle organischen Verbindungen enthalten das Element _____ .

– Fast alle organischen Verbindungen enthalten außerdem noch das Element

_____ .

– Fast alle organischen Verbindungen sind elektrische _____ .

– Fast alle organischen Verbindungen sind _____ .

– Aufgrund der niedrigen Siedetemperaturen lässt sich vermuten, dass organische Verbindungen aus

_____ aufgebaut sind.

2 Schlüssel zur Vielfalt: Bau der Kohlenstoffatome

a) Fülle die Tabelle aus.

Element	Kohlenstoff	Wasserstoff
Stellung im Periodensystem		
Ordnungszahl		
Nummer der Periode		
Nummer der Hauptgruppe		
Bau der Atome		
Anzahl der Protonen		
Anzahl der Elektronen		
Anzahl der Elektronenschalen		
Anzahl der Außenelektronen		

b) Gib Ursachen für die Vielfalt organischer Verbindungen an.
Chemische Bindung der Kohlenstoffatome:

_____

_____

_____

Verknüpfung der Kohlenstoffatome:

_____

_____

_____

Verknüpfung mit Atomen anderer Elemente:

_____

_____

_____

3 Verknüpfung der Kohlenstoffatome

Stelle vier Möglichkeiten der Verknüpfung von fünf Kohlenstoffatomen zusammen. Berücksichtige dabei nur Einfachbindungen.

Erdöl und Erdgas – Rohstoffe und Energieträger

▶ Grundwissen

Die **fossilen Energieträger** Erdöl und Erdgas sind Stoffgemische aus Kohlenwasserstoffen. Sie sind vor vielen Millionen Jahren bei der Zersetzung von Überresten pflanzlicher und tierischer Organismen durch Kleinstlebewesen entstanden.
Ein Verfahren zur Verarbeitung des Erdöls ist die **fraktionierte Destillation**, die in Raffinerien erfolgt.

1   Entstehung von Lagerstätten

Bringe die verschiedenen Phasen der Entstehung von Erdöl und Erdgas in die richtige Reihenfolge, indem du Nummern vergibst.

Faulschlammbildung	Bildung einfacher Kohlenwasserstoffe durch anaerobe Bakterien
Aufbau energiereicher organischer Stoffe durch Fotosynthese	
Verdichtung des Erdölmuttergesteins durch hohen Druck	Bildung von Erdgasblasen unter Sperrschichten
Bildung von Tonschiefer	
Absterben und Absinken von Plankton	Aufsteigen flüssiger Kohlenwasserstoffe aufgrund ihrer geringeren Dichte in obere Schichten
Bildung von Erdöl	Bildung des Erdölmuttergesteins

2   Die Energieträger im Vergleich

a)   Ergänze die Tabelle.

Kohlenwasserstoff-gemisch	Erdöl (Rohöl)	Erdgas
Bestandteile		
Verwendung als Energieträger		

b) Erläutere, warum Ergas schadstoffarm verbrennt.

_____

_____

_____

3 Fraktionierte Destillation von Erdöl

a) Ordne die nachfolgenden Produkte in die schematische Darstellung ein: Leichtbenzin, Gasöl, Gase, Petroleum, Schweröl, Schwerbenzin, Bitumen. Gib jeweils ihre Verwendung an.

Fraktionen	Verwendung
_____	_____
_____	_____
_____	_____
_____	_____
_____	_____
_____	_____
_____	_____

b) Beschreibe die Destillation von Erdöl im Labor. Erläutere, wie es gelingt, das Stoffgemisch Erdöl aufzutrennen.

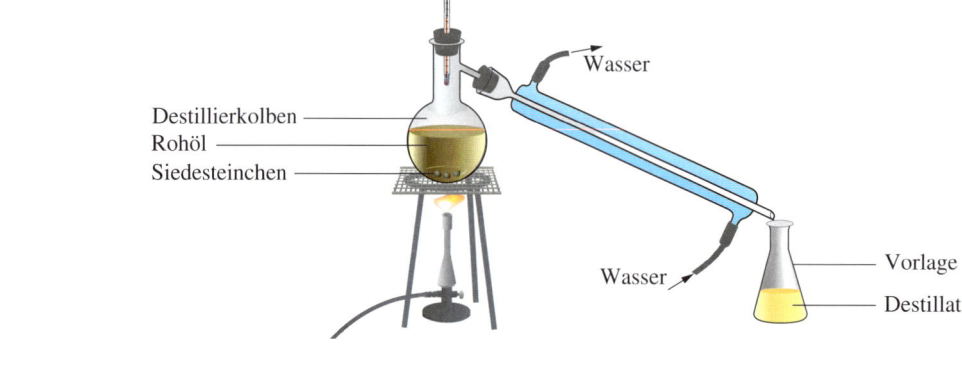

_____

_____

_____

_____

_____

_____

c) Bei der Destillation gewinnt man aus dem Erdöl keine Reinstoffe, sondern man erhält wieder Stoffgemische. Begründe.

_____

_____

Homologe Reihe – Eigenschaften von Alkanen

► Grundwissen

In Alkanmolekülen liegen zwischen den Kohlenstoffatomen nur Einfachbindungen vor. **Alkane** sind deshalb **gesättigte Kohlenwasserstoffe**. Methan ist das einfachste Alkan. Das Methanmolekül besteht aus einem Kohlenstoffatom, das über Atombindungen an vier Wasserstoffatome gebunden ist. Es hat eine tetraedrische Anordnung.
Die Kohlenstoffatome in den Molekülen von Ethan, Propan und Butan bilden Ketten. Ihre Moleküle unterscheiden sich jeweils durch eine CH_2-Gruppe. Somit bilden die Alkane eine **homologe Reihe** mit der allgemeinen Summenformel C_nH_{2n+2}. Innerhalb der homologen Reihe zeigen die Alkane eine gesetzmäßige Abstufung ihrer Eigenschaften.

1   Methan – das einfachste Alkan

a)   Fülle die folgende Tabelle aus:

Stoff	Methan
Summenformel	
Strukturformel	
Zusammensetzung eines Moleküls	
Vorkommen	
Eigenschaften	
Verwendung	

b)   Zeichne in das Modell des Methanmoleküls einen Tetraeder ein. Gib die Größe des charakteristischen Tetraederwinkels an.

c)   Erkläre, warum das Methanmolekül nicht planar (eben), sondern tetraedrisch gebaut ist.

2 Alkane – kettenförmige Kohlenwasserstoffe

Beschreibe das Molekülmodell des Butans, sodass es ein Freund
unter den vielen Modellen im Chemieraum erkennen kann.

_____

_____

_____

_____

_____

3 Homologe Reihe der Alkane

Stelle fest, ob es sich bei den dargestellten Formelreihen um Ausschnitte aus der homologen Reihe der
Alkane handelt. Begründe deine Entscheidung.

Formelreihe	Homologe Reihe der Alkane?
CH_4 C_2H_4 C_3H_4 C_4H_{10}	
CH_4 C_2H_6 C_3H_8 C_4H_{10}	
C_6H_{14} C_7H_{16} C_8H_{18} C_9H_{20} $C_{16}H_{34}$ $C_{17}H_{36}$ $C_{18}H_{38}$ $C_{19}H_{40}$	

4 Löslichkeit von Alkanen

Ein Lack soll vor dem Streichen verdünnt werden. Er enthält Farbpigmente und das Lösemittel Heptan.
Zum Verdünnen stehen Wasser oder Waschbenzin, ein Alkangemisch, zur Verfügung. Gib an, welcher Stoff
zum Verdünnen des Lacks geeignet ist. Begründe.

_____

_____

_____

_____

_____

_____

5 Siedetemperaturen der Alkane

1. Stelle die Siedetemperaturen der Alkane in Abhängigkeit von der Anzahl der Kohlenstoffatome im Molekül grafisch dar.

Alkan	Methan	Ethan	Propan	Butan	Pentan	Hexan	Heptan	Octan	Nonan	Decan
Siede-temperatur ϑ in °C	−161,4	−88,5	−42,1	−0,5	+36,2	+68,7	+98,0	+125,8	+150,7	+174,0

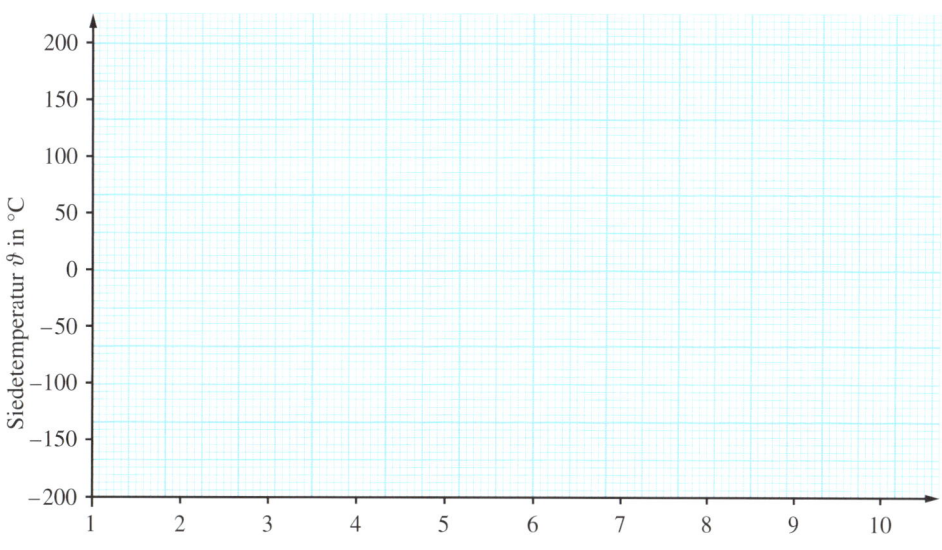

2. Erläutere den Verlauf der Kurve.

_____

_____

_____

_____

_____

_____

3. Zeige auf, welcher Zusammenhang bei den Alkanen zwischen der Siedetemperatur, der Entzündungstemperatur und der Feuergefährlichkeit besteht.

_____

_____

_____

_____

_____

_____

Ethen und Ethin – ungesättigte Kohlenwasserstoffe

▶ Grundwissen

Ethen und **Ethin** gehören zu den **ungesättigten Kohlenwasserstoffen**, weil in ihren Molekülen Mehrfachbindungen vorliegen. Im Ethenmolekül liegt eine **Doppelbindung** vor, im Ethinmolekül eine **Dreifachbindung**. Die Mehrfachbindung kann durch Reaktion mit Bromwasser nachgewiesen werden.

1   Ethen und Ethin

a)   Vergleiche den Bau der Moleküle von Ethen und Ethin.

Stoff	Ethen	Ethin
Summenformel		
Strukturformel		
Bindungswinkel C—C—H		

b)   Ethen oder Ethin? Identifiziere den gesuchten Stoff anhand seiner Eigenschaften.

– Der gesuchte Stoff ist ein farbloses und brennbares Gas.
– Er bildet mit Luft explosive Gemische.
– Er addiert Brom unter Bildung von 1,2-Dibromethan.
– Er brennt an der Luft mit leuchtender und schwach rußender Flamme.

Bei dem gesuchten Stoff handelt es sich um:

_____ .

2   Alkane, Alkene und Alkine

a)   Ordne die folgenden Begriffe in die Übersicht ein: gesättigte Kohlenwasserstoffe, Alkine, Alkane, ungesättigte Kohlenwasserstoffe.

Kettenförmige Kohlenwasserstoffe		
	Alkene	

b) Entscheide, in welcher Vorratsflasche sich ein Alkan befindet, in welcher ein Alken. Begründe deine Entscheidung.

Experiment	Alkan	Alken	Begründung
Stoff 1 — Bromwasser / Stoff 1 nach Zugabe von Bromwasser			_____
Stoff 2 — Bromwasser / Stoff 2 nach Zugabe von Bromwasser			_____

Reaktionen der Kohlenwasserstoffe

▶ Grundwissen

Substitution, Addition und Eliminierung sind charakteristische Reaktionen der Kohlenwasserstoffe. Bei der **Substitution** werden in den Molekülen der Ausgangsstoffe Atome oder Atomgruppen ausgetauscht. Bei der **Eliminierung** werden aus einem Molekül mindestens zwei Atome oder Atomgruppen abgespalten. Dabei bilden sich Mehrfachbindungen aus. Bei der **Addition** lagern sich Atome oder Atomgruppen an Moleküle mit Doppelbindungen an. Ungesättigte Kohlenwasserstoffe addieren Wasserstoff, Halogene oder Halogenwasserstoffe.

1 Die Substitution

a) Entwickle die Reaktionsgleichung für die Reaktion von Pentan mit Chlor.

_____

b) Kennzeichne im Teilchenmodell den Austausch von Atomen zwischen den Reaktionspartnern Heptan und Brom.

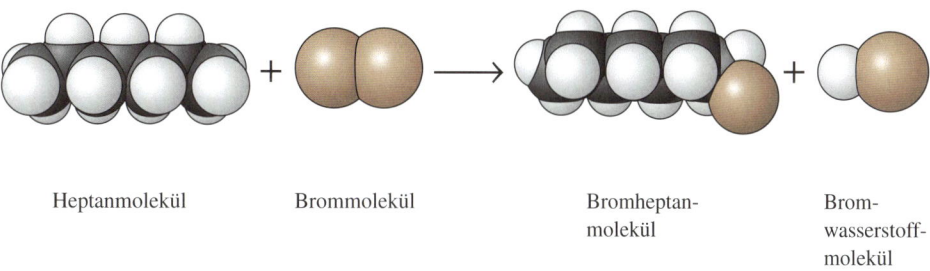

Heptanmolekül	Brommolekül	Bromheptanmolekül	Bromwasserstoffmolekül

2   Strukturmerkmale der Moleküle und chemische Reaktionen

1.   Ergänze die Tabelle.

Vereinfachte Strukturformel	Stoffklasse	Strukturmerkmale der Moleküle	Typische chemische Reaktionen
$CH_3-CH_2-CH_3$			
$CH_2=CH_2$			
$HC\equiv CH$			

2.   Erläutere anhand dieser Beispiele den Zusammenhang zwischen Strukturmerkmalen von Molekülen und typischen chemischen Reaktionen organischer Verbindungen.

3   Substitution, Addition oder Eliminierung

Entscheide, ob Addition (A), Substitution (S) oder Eliminierung (E) vorliegt.

Reaktionsgleichung	A	S	E
$CH_3-CH_2-CH_3 + Br_2 \rightarrow CH_2Br-CH_2-CH_3 + HBr$			
$CH_3-CH=CH_2 + Br_2 \rightarrow CH_3-CHBr-CH_2Br$			
$CH_3-CH_2-CH_2-CH_3 + Cl_2 \rightarrow CH_3-CH_2-CH_2-CH_2Cl + HCl$			
$CH_3-CH_2-CH_3 \rightarrow CH_3-CH=CH_2 + H_2$			
$CH_3-CH_2-CH_3 + F_2 \rightarrow CH_3-CH_2-CH_2F + HF$			
$CH_2=CH_2 + Cl_2 \rightarrow CH_2Cl-CH_2Cl$			
$CH_3-CH_3 \rightarrow CH_2=CH_2 + H_2$			

Halogenalkane

▶ Grundwissen

Halogenalkane sind **Derivate** (Abkömmlinge) der Kohlenwasserstoffe, die durch Substitution von Wasserstoffatomen durch Halogenatome entstehen. Bekannt sind vor allem die **FCKW** (Fluor-Chlor-Kohlenwasserstoffe).

1 Substitution

In drei Erlenmeyerkolben befindet sich jeweils ein Gemisch aus 15 ml Hexan und etwas Brom.
Die Gemische werden unterschiedlicher Belichtung ausgesetzt.

a) Deute die Beobachtungen. Fülle dazu die Tabelle aus.

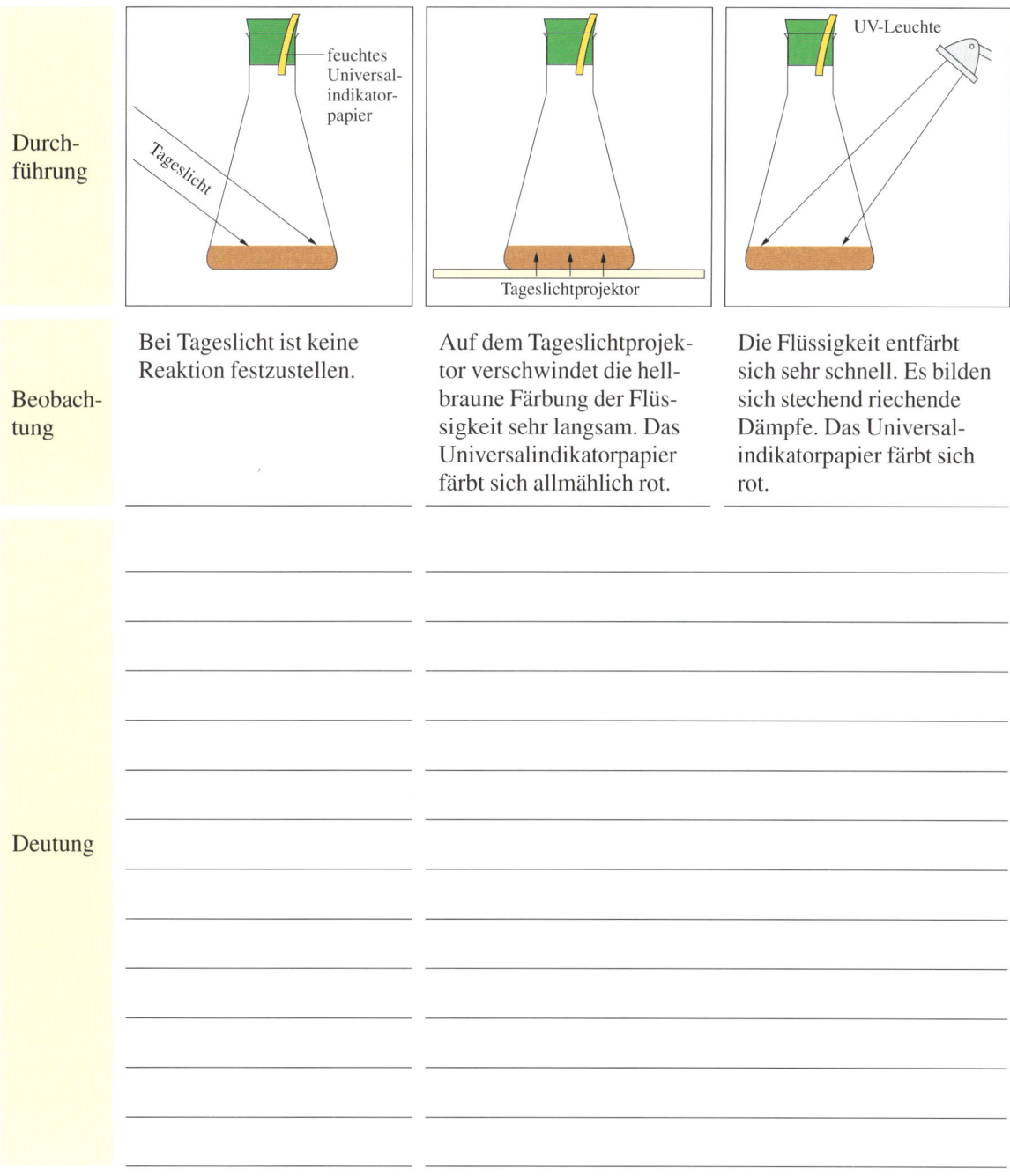

Durchführung		
Beobachtung	Bei Tageslicht ist keine Reaktion festzustellen.	Auf dem Tageslichtprojektor verschwindet die hellbraune Färbung der Flüssigkeit sehr langsam. Das Universalindikatorpapier färbt sich allmählich rot.	Die Flüssigkeit entfärbt sich sehr schnell. Es bilden sich stechend riechende Dämpfe. Das Universalindikatorpapier färbt sich rot.
Deutung		

b) Formuliere die Wortgleichung und die Reaktionsgleichung mit Strukturformeln.

Wortgleichung: _____

Reaktionsgleichung mit Strukturformeln:

c) Erläutere anhand der Reaktionsgleichung die Veränderung in den Molekülen.

_____

_____

Eine solche Reaktion ist typisch für alle Alkane. Man bezeichnet sie als

_____ .

2 Benennen von Halogenalkanen

a) Benenne die folgenden Verbindungen:

b) Notiere die Strukturformeln für folgende Verbindungen:

1,2-Dichlor-3,4,5-trifluorhexan

3,4,6,6-Tetrabrom-1,2,5-trichlor-7-fluorheptan

3 Ozonschicht und FCKW

> **Spiegel online.** Die Menschheit kann Klimakatastrophen in den Griff kriegen, wenn sie nur will – das zeigt eine internationale Studie. Erstmals können Forscher nachweisen, dass das Verbot von Treibgasen und anderen Schadstoffen wirkt: Die Ozonschicht beginnt sich zu regenerieren.
>
> Die Zerstörung der Ozonschicht ist eine der größten Umweltkatastrophen, die der Mensch je verursacht hat. Mitte der 1970er Jahre hatten Forscher entdeckt, dass Fluorchlorkohlenwasserstoffe (FCKW) und andere chemische Substanzen Ozonlöcher in etwa 20 Kilometern Höhe verursachen. Vor allem über dem Südpol schwand das schützende Gas, sodass schädliche UV-Strahlung der Sonne verstärkt den Boden erreichen konnte. Vermutlich erkrankten dadurch viele Menschen an Hautkrebs.
>
> Die Vereinten Nationen reagierten: Im Montrealer Protokoll von 1987 wurde die Herstellung und Verwendung von FCKW und anderer Substanzen verboten. Seither wartet die Welt auf eine Verkleinerung des Ozonlochs – und jetzt haben Forscher den Beweis, dass die Maßnahmen wirken.
>
> [...]
>
> Die Studie, die nun in der Fachwelt diskutiert wird, dokumentiert zwei Erfolge:
>
> Sie zeigt, dass die komplexen chemischen Vorgänge in der Luft hinreichend genau verstanden wurden. Nur deshalb konnte der Zerstörung der Ozonschicht gezielt begegnet werden. Sie beweist zudem, dass die Weltgemeinschaft Umweltproblemen wirksam entgegentreten kann – weiterer Ozonabbau hätte vermutlich Tausende zusätzliche Hautkrebsfälle verursacht.
>
> Einzig die Verringerung der FCKW und anderer Schadstoffe könne die Erholung der Ozonschicht erklären, folgern (die Forscher). Für den Rückgang der Schadstoffe kann wiederum nur das Montrealer Protokoll zum Schutz der Ozonschicht verantwortlich gemacht werden – denn FCKW sind Industrieprodukte, sie entstehen nicht in der Natur.
>
> Die Wende ist also eingeleitet. Allzu schnell dürfte die Regeneration der irdischen Schutzhülle jedoch nicht vonstatten gehen, denn der Klimawandel verlangsamt sie. Treibhausgase, die mit Autos, Kraftwerken, Heizungen und Fabriken in die Luft gelangen, bewirken in höheren Schichten der Stratosphäre im Gegensatz zum Erdboden eine Abkühlung – und Kälte fördert den Ozonabbau.
>
> [...]
>
> 2.9.2010

a) Lies den Zeitungsartikel. Schlage unbekannte Begriffe im Lexikon nach.

b) Notiere kurz, worum es in diesem Artikel geht.

_____

_____

_____

c) Schildere die Gefährdung, der sich die Menschheit Ende des vergangenen Jahrhunderts stellen musste.

_____

_____

_____

_____

d) Gib Gegenmaßnahmen an, die von der Weltgemeinschaft beschlossen wurden.

_____

_____

e) Welcher neuen Herausforderung steht die Menschheit gegenüber?

_____

_____

Ethanol

▶ Grundwissen

Ethanol entsteht durch alkoholische Gärung und ist in allen alkoholischen Getränken enthalten. Spirituosen werden durch Brennverfahren (Destillation) hergestellt.
In Ethanolmolekülen ist eine **Hydroxylgruppe** (OH-Gruppe) an einen Ethylrest (CH_3—CH_2—) gebunden. Die Hydroxylgruppe ist die für Alkohole charakteristische **funktionelle Gruppe**.

1 Ethanol – Kennzeichen des Trinkalkohols

a) Fülle die folgende Tabelle aus:

Stoff	Ethanol
Summenformel und Strukturformel	
Funktionelle Gruppe	
Eigenschaften	
Verwendung in Alltag und Technik	

b) Abgebildet sind die Modelle zweier Verbindungen mit der Summenformel C_2H_6O. Kreuze an, bei welchem der Moleküle es sich um das Ethanolmolekül handelt. Kennzeichne die für Alkohole charakteristische funktionelle Gruppe und benenne sie. Kennzeichne und benenne auch den Rest des Moleküls.

☐ 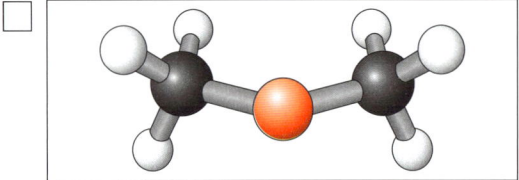   ☐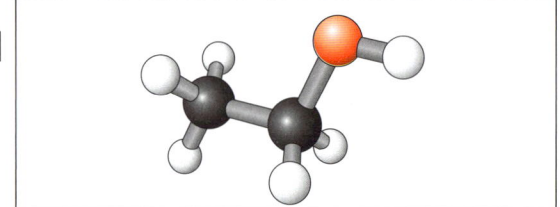

2 Vergleich von Ethanol mit Natriumhydroxid

Fülle die Tabelle aus.

Stoff	Ethanol	Natriumhydroxidlösung ($w = 5\%$)
Summenformel		
pH-Wert		
Elektrische Leitfähigkeit		
Vorliegen von Hydroxid-Ionen		

3 Von der Traube zum Weinbrand

1. Gib Ausgangsstoffe an, aus denen sich Wein herstellen lässt. Berücksichtige, dass z. B. in Frankreich auch Cidre oder in Japan Sake getrunken wird.

_____

2. Benenne den biochemischen Vorgang, der zur Bildung von Ethanol führt. Ergänze die folgende Reaktionsgleichung, die diesen Vorgang beschreibt, und benenne Ausgangsstoffe und Reaktionsprodukte.

_____ :

$$C_6H_{12}O_6 \quad \xrightarrow{\text{Enzyme}} \quad \text{_____}$$

3. In dem abgebildeten Experiment wird die Herstellung von Wein aus Traubensaft demonstriert. Beschrifte die Abbildung und erläutere das Experiment.

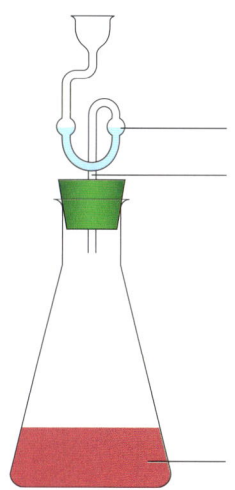

_____

_____

_____

_____

_____

_____

_____

_____

4. In Brennereien wird Weinbrand hergestellt. Erläutere, was dort geschieht.

_____

_____

4 Alkoholische Getränke im Vergleich

a) Ordne die folgenden alkoholischen Getränke nach steigendem Alkoholgehalt: Weinbrand, Bier, Wein, Cidre und Likör.

Getränk					
Volumenanteil φ(Ethanol) in %	2,5–5	3–5	7–14	10–30	35–85
Zum Flambieren					

b) Kennzeichne durch Pfeile, welche dieser Getränke zum Flambieren von Speisen geeignet sind und welche nicht. Begründe deine Entscheidung.

_____

_____

Alkanole

> ► Grundwissen
>
> Alkanole bilden eine **homologe Reihe** mit der **allgemeinen Summenformel** $C_nH_{2n+1}OH$. Die Moleküle bestehen aus einem unpolaren Alkylrest und der polaren Hydroxylgruppe.
> Die Hydroxylgruppe als **funktionelle Gruppe** der Alkanole bestimmt die Eigenschaften der Stoffe wesentlich mit.

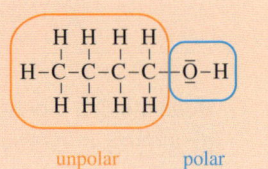

1   Die homologe Reihe der Alkanole

Wähle aus den folgenden Stoffen die Glieder der homologen Reihe der Alkanole aus und benenne sie:

CH_4	CH_3-OH	$HO-CH_2-CH_2-OH$	CH_3-CH_2-OH	H_2	$CH_3-CH_2-CH_2-OH$
_____	_____	_____	_____	_____	_____

2   Siedetemperaturen von Alkanen und Alkanolen

a)   Ermittle aus Tabellenwerken die Siedetemperaturen von Alkanen und Alkanolen jeweils für die ersten fünf Vertreter der homologen Reihe und trage sie in die Grafik ein.

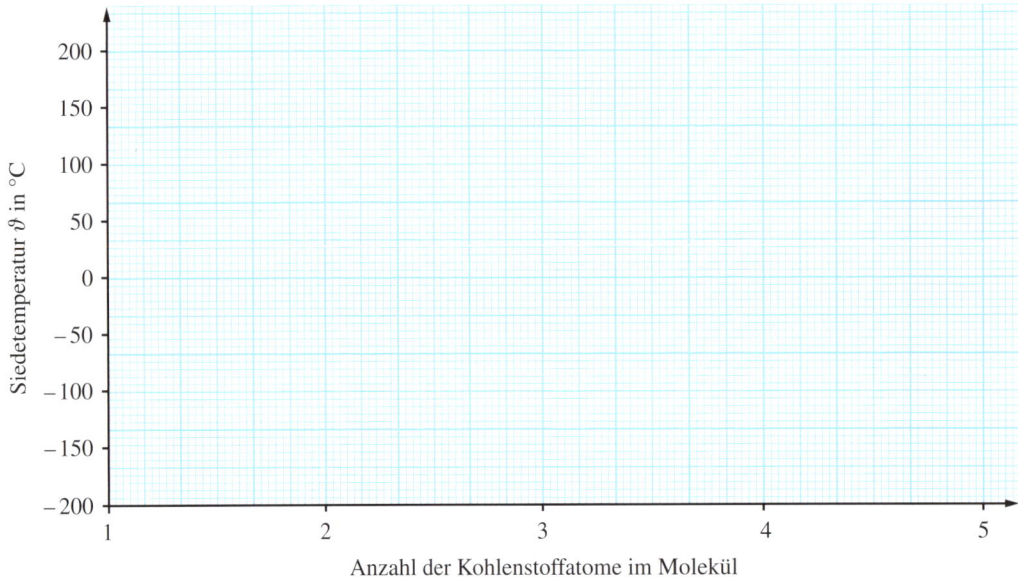

b)   Vergleiche die Siedetemperaturen von Alkanen und Alkanolen.

_____

_____

_____

_____

_____

_____

3 Vergleich der Eigenschaften der Alkanole

1. Gib die Tendenzen in der homologen Reihe der Akanole an. Verwende dazu die angedeuteten Pfeile und male jeweils die zutreffenden rot aus.

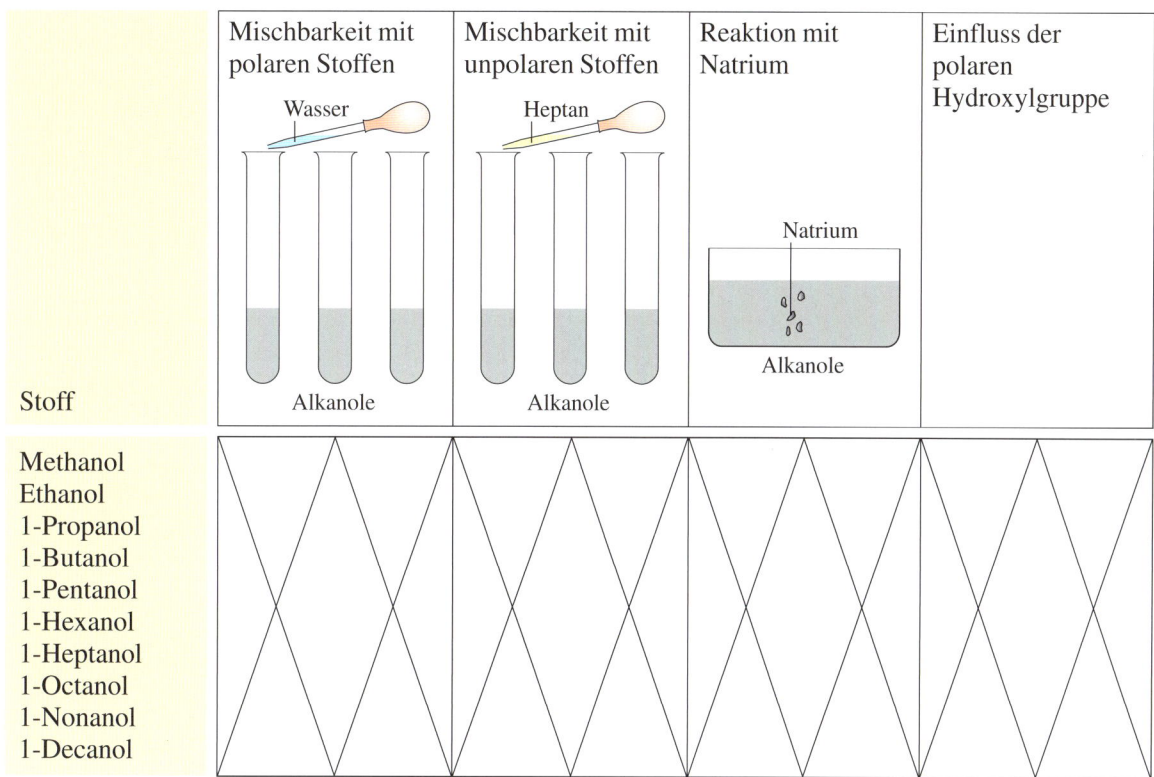

Stoff	Mischbarkeit mit polaren Stoffen	Mischbarkeit mit unpolaren Stoffen	Reaktion mit Natrium	Einfluss der polaren Hydroxylgruppe
Methanol Ethanol 1-Propanol 1-Butanol 1-Pentanol 1-Hexanol 1-Heptanol 1-Octanol 1-Nonanol 1-Decanol				

2. Ergänze den Lückentext. Zeichne die Ladungsschwerpunkte („δ–" und „δ+") und die Wasserstoffbrückenbindungen in die Abbildung ein.

Kurzkettige Alkanole lösen sich _____

in Wasser, weil sich zwischen den Alkanol-

und Wassermolekülen _____

bilden.

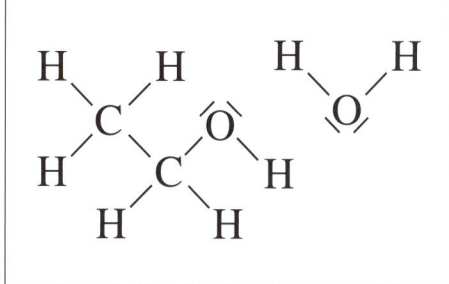

4 Alkanolmoleküle sind Dipolmoleküle

Ein feiner Ethanolstrahl wird im elektrischen Feld eines elektrisch geladenen Plastikstabs abgelenkt. Ursache hierfür sind elektrostatische Anziehungskräfte.
Trage in der Abbildung die positiven und negativen Ladungsschwerpunkte („δ–" und „δ+") der Moleküle ein. Kreuze an, wie sich die Dipolmoleküle im elektrischen Feld ausrichten.

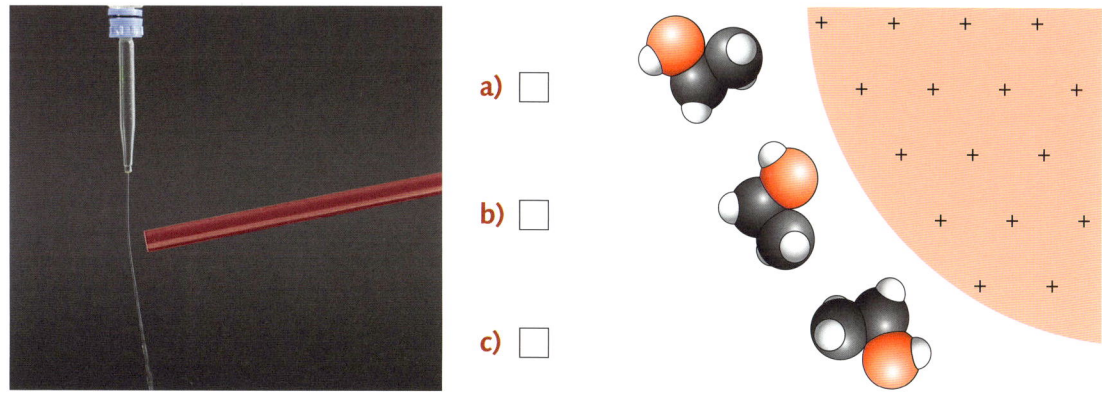

a) ☐

b) ☐

c) ☐

Essigsäure und Ameisensäure

▶ Grundwissen

Essigsäure (Ethansäure) wird durch enzymatische Gärung aus Ethanol oder durch katalytische Oxidation von Ethanal hergestellt. Wie die Ameisensäure (Methansäure) gehört sie zu den **Alkansäuren**, die eine **Carboxylgruppe —COOH** in ihren Molekülen enthalten. Als funktionelle Gruppe bestimmt sie die Eigenschaften der Alkansäuren wesentlich mit. So zeigen die Alkansäuren die für Säuren typischen Reaktionen mit Metallen, Metalloxiden und Metallhydroxiden.

1 Herstellung von Essigsäure (Ethansäure)

1. Ergänze die schematische Übersicht zur Herstellung von Essigsäure (Ethansäure).

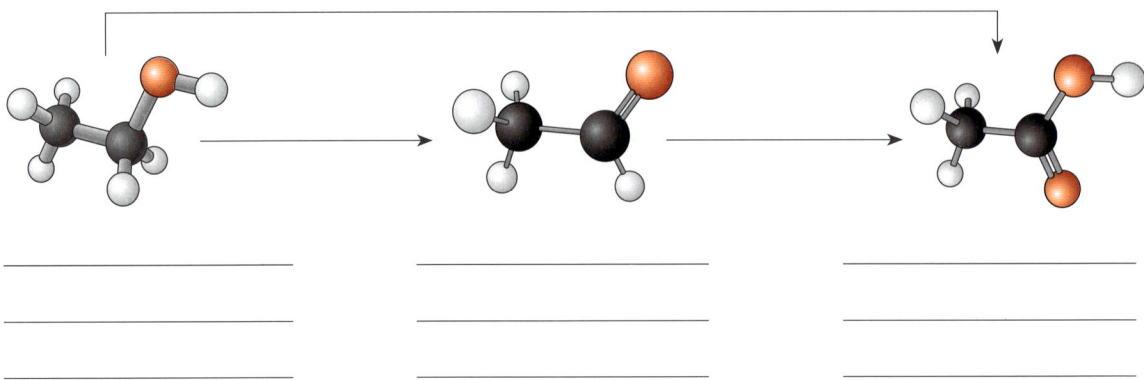

_____   _____   _____

_____   _____   _____

_____   _____   _____

2. Entwickle die Reaktionsgleichungen für die Reaktionen unter Verwendung von vereinfachten Strukturformeln.

        _____

A: _____ + _____ ⟶ _____ + _____

B: _____ + CuO ⟶ _____ + _____ + _____

        _____

C: _____ + _____ ⟶ _____

3. Gib die Namen und die chemischen Zeichen der funktionellen Gruppe dieser Stoffe an.

Ethanol: _____

Ethanal: _____

Essigsäure (Ethansäure): _____

2 Elektrische Leitfähigkeit von reiner und verdünnter Ethansäure

1. Beschreibe die zu erwartenden Beobachtungen und deute diese.

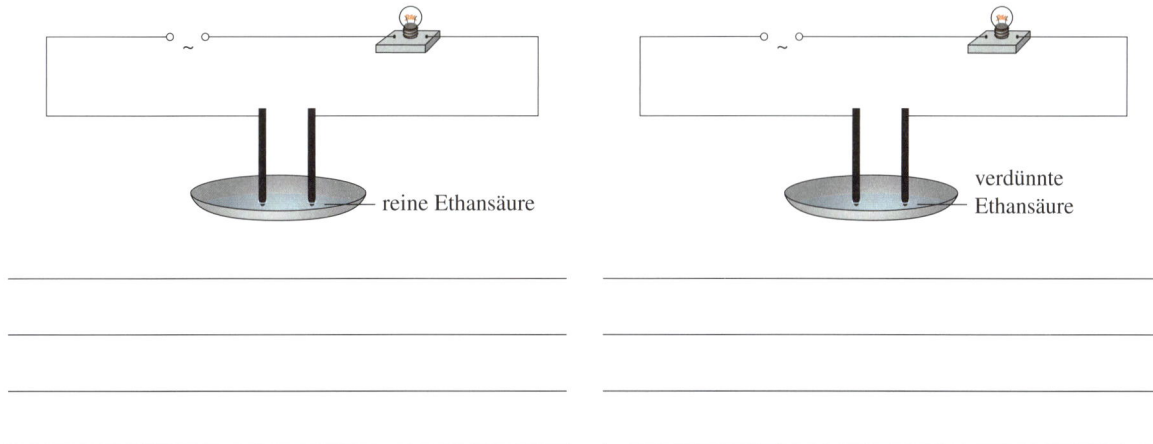

_____   _____

_____   _____

_____   _____

_____   _____

2. Bei der Bildung verdünnter Ethansäure dissoziieren die Ethansäuremoleküle in Ionen. Vervollständige die Abbildung und die Reaktionsgleichung. Benenne die Reaktionsprodukte.

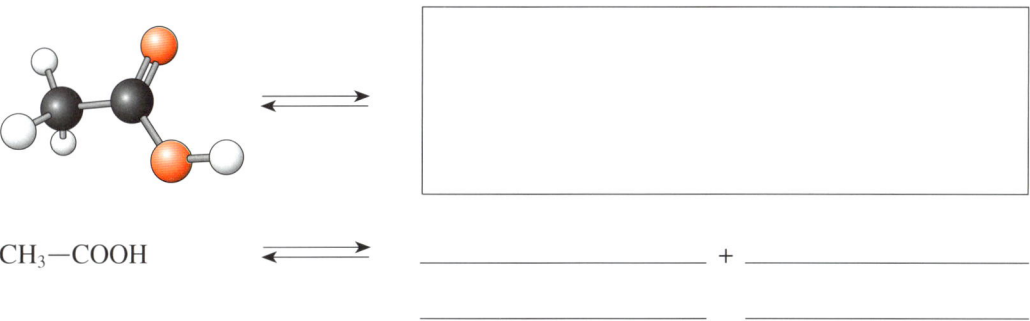

CH_3-COOH ⇌ _____ + _____

_____   _____

3 Alkansäuren

a) Fülle die Tabelle aus.

Name der Alkansäure	Vereinfachte Strukturformel	Vorkommen
Methansäure		_____
_____	_____	_____
Ethansäure		_____
_____	_____	_____
Butansäure		_____
_____	_____	_____
Hexadecan-säure		_____
_____	_____	_____

b) Ergänze den Lückentext.

Alkansäuren bilden eine _____ mit der allgemeinen Summenformel

C____H____—COOH.

4 Alkansäuren sind Säuren

Alkansäuren reagieren wie alle Säuren mit unedlen Metallen, Metalloxiden und Metallhydroxidlösungen.

Belege die Aussage am Beispiel der Ethansäure im Vergleich mit der Schwefelsäure. Notiere jeweils die beiden Wortgleichungen neben den Abbildungen a bis c.

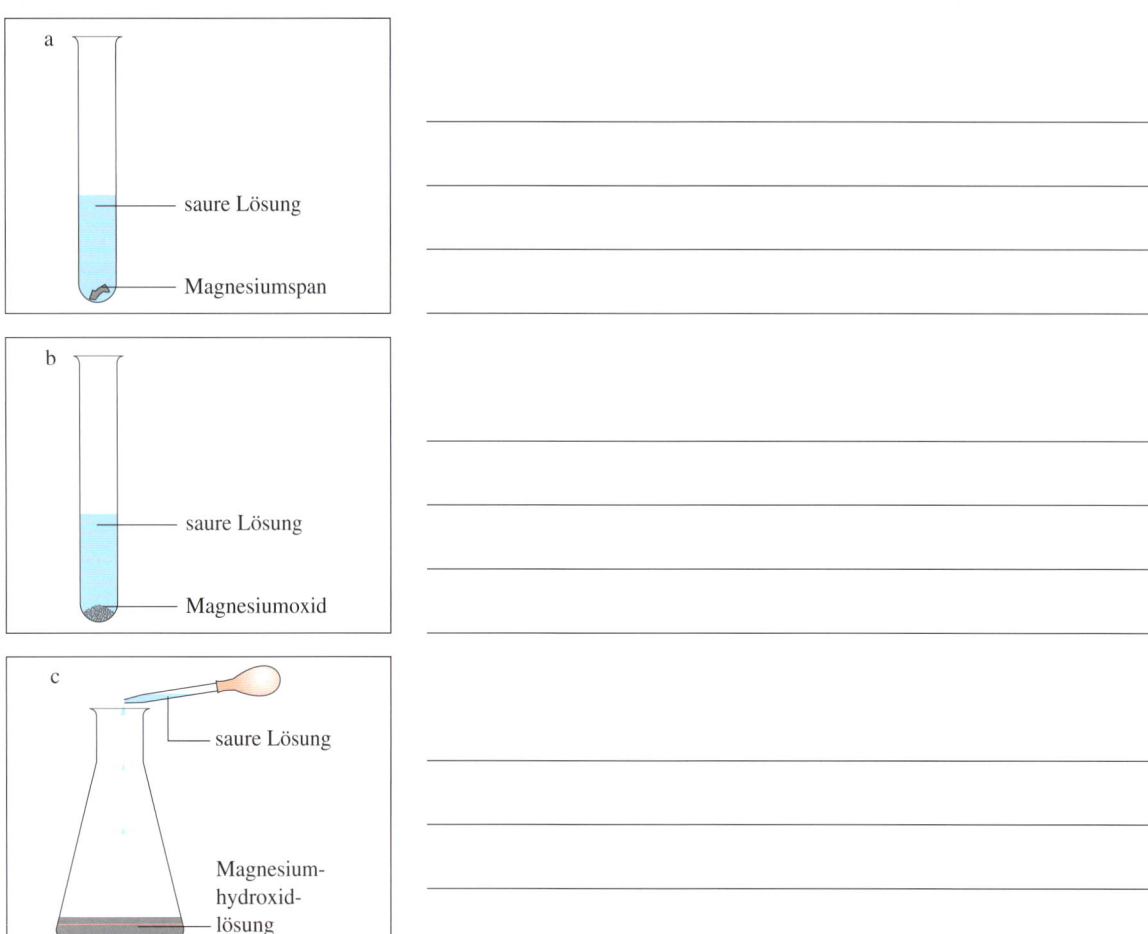

5 Identifizierung verschiedener Lösungen

In einem Chemikalienschrank befinden sich farblose Lösungen von Schwefelsäure, Ethanol, Ethanal und Essigsäure. Die Lösungen zeigen folgende Eigenschaften. Gib an, welche Lösungen bei A bis D vorliegen.

Lösung von	Reaktion mit Universal-indikator	Leitung des elektrischen Stroms	Reaktion mit Fehling'scher Lösung	Reaktion mit Bariumchlorid-Lösung
A	keine Veränderung	nein	ziegelroter Niederschlag	keine Veränderung
B	keine Veränderung	nein	keine Veränderung	keine Veränderung
C	Rotfärbung	ja	keine Veränderung	keine Veränderung
D	Rotfärbung	ja	keine Veränderung	weißer Niederschlag

Ester

▶ Grundwissen

Alkansäureester sind organische Stoffe, die bei der Reaktion von Alkansäuren mit Alkoholen entstehen. Ihre Moleküle besitzen als funktionelle Gruppe die **Estergruppe —COO—**. Daneben gibt es auch Ester anorganischer Säuren.
Veresterung und **Verseifung** sind die chemischen Reaktionen zur Bildung und zum Zerfall eines Esters. Veresterung und Verseifung sind umkehrbare Reaktionen:

$$\text{Säure} \quad + \quad \text{Alkohol} \quad \underset{\text{Verseifung}}{\overset{\text{Veresterung}}{\rightleftharpoons}} \quad \text{Ester} \quad + \quad \text{Wasser}$$

Die Veresterung ist eine **Kondensation**. Die Verseifung ist eine **Hydrolyse**.

1 Ester – vielseitig verwendbare Stoffe

Ordne den gegebenen Verwendungsmöglichkeiten den richtigen Ester zu. Zur Auswahl stehen: Fruchtester, Wachse, Fette und Phosphorsäureester.

Ester	Verwendungsmöglichkeiten
	zur menschlichen Ernährung, als Futtermittel und Rohstoff für die chemische Industrie
	zur Aromatisierung von Lebensmitteln und Medikamenten, zur Herstellung von Fruchteis, Bonbons, Fruchtgetränken und Backaroma
	als biochemischer Energiespeicher in Stoffwechselprozessen, als Weichmacher und Lösemittel in der Lack-, Film- und Kunststoffherstellung, als Insektizide und chemische Kampfstoffe
	in Pflege- und Reinigungsmitteln für Lederwaren und Fußböden, als Gleit- und Schmiermittel, als elektrisches Isoliermittel

2 Synthese von Estern

1. Aus Ethansäure und Ethanol wird ein Ester hergestellt. Benenne diesen Ester.

    _____

2. Entwickle die Reaktionsgleichung für die Synthese des Esters.

    _____

3. Bezeichne die chemische Reaktion. _____

4. Begründe, warum es sich um eine Kondensationsreaktion handelt. Kennzeichne die Stellen, an denen Wasser abgespalten wird, in der obigen Reaktionsgleichung.

    _____

5. Zeichne das charakteristische Strukturmerkmal der Ester in die Abbildung ein und benenne es.

3 Ester als Aromastoffe

Ergänze die folgende Tabelle:

Geruch/Aroma	Fruchtester gebildet aus	Vereinfachte Strukturformel
	Buttersäure (Butansäure) und Ethanol	
		$C_3H_7-COO-CH_3$
	Essigsäure (Ethansäure) und Butanol	

4 Spaltung von Estern

1. Beschreibe die Beobachtungen, die bei diesem Experiment zu machen sind. Welches Ergebnis liefert die Prüfung des Geruchs, der elektrischen Leitfähigkeit und des pH-Werts?

_____

_____

_____

_____

_____

_____

Wasserablauf
Wasserzulauf

wässrige Lösung von Buttersäure-ethylester

Siedesteine

2. Deute die Beobachtungen.

_____

_____

_____

_____

3. Gib die Reaktionsgleichung für die Spaltung von Buttersäureethylester an. Benenne die Reaktionsprodukte.

_____ + _____ → _____ + _____

Buttersäureethylester   _____   _____

4. Ergänze die allgemeine Wortgleichung und benenne die chemischen Reaktionen, die zur Bildung und zum Zerfall eines Alkansäureesters führen. Ordne dafür die Begriffe „Veresterung" und „Verseifung" sowie „Kondensation" und „Hydrolyse" richtig zu.

_____

Alkansäure   +   _____ ⇄ _____ + _____

_____

Polysaccharide

▶ Grundwissen

Stärke und **Cellulose** sind **Kohlenhydrate**, die zu den **makromolekulare Stoffen** gehören. Kohlenhydrate bestehen aus Kohlenstoff, Wasserstoff und Sauerstoff. Stärke und Cellulose sind in der Natur
äußerst bedeutsame Verbindungen.

1 Die Stärke – ein Polysaccharid

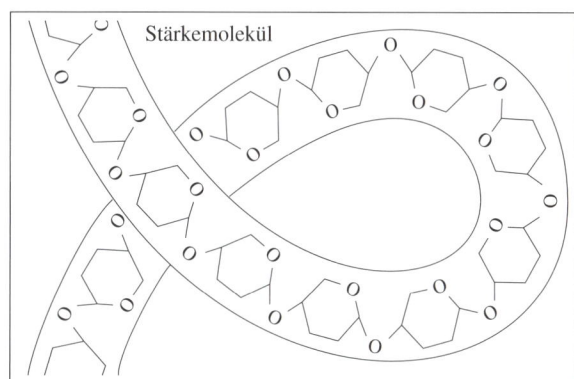
Stärkemolekül

Die Abbildung rechts zeigt einen Ausschnitt
aus einem Stärkemolekül.

a) Ermittle aus der Abbildung
den „Grundbaustein" des
Stärkemoleküls. Zeichne
die vereinfachte Struktur-
formel dieses „Grundbau-
steins" in den Rahmen
und benenne ihn.

„Grundbaustein": _____

b) Beschreibe den Aufbau eines Stärkemoleküls.

_____

_____

_____

c) Stärke wird in der chemischen Fachsprache als Polysaccharid bezeichnet. Beschreibe, was damit gemeint ist.

_____

_____

_____

d) Beschreibe den Nachweis von Stärke.

_____

_____

_____

e) Nenne Bedeutungen und Verwendungen von Stärke.

– _____

– _____

_____

– _____

– _____

– _____

2   Cellulose – ebenfalls ein Polysaccharid

Ergänze den Lückentext.

Die Bausteine der Cellulose sind _____ . Bis zu _____ davon bilden eine

unverzweigte Molekülkette. Aufgrund der großen Anzahl miteinander verbundener Bausteine sind Cellu-

losemoleküle sogenannte _____ . Cellulose ist in Wasser _____ .

Sie ist für Pflanzen sehr bedeutsam. Die _____ der Pflanzen sind aus Cellulose aufgebaut.

Damit ist die Cellulose die wichtigste _____ der Pflanzen. Sie verleiht den

Pflanzen _____ und _____ . Menschen können Cellulose nicht

verdauen. In der menschlichen Nahrung ist Cellulose aber ein wichtiger _____ ,

der die Darmbewegung anregt und somit verdauungsfördernd wirkt. Als nachwachsender Rohstoff ist

Cellulose in großen Mengen für die _____ notwendig.

Eiweiße und ihre Bausteine

▶ Grundwissen

Aminosäuren wie **Glycin** und **Alanin** sind Carbonsäuren, die mindestens eine Carboxylgruppe
($-COOH$) und eine Aminogruppe ($-NH_2$) in ihren Molekülen besitzen.

$$
\begin{array}{cc}
\quad\quad H & \quad\quad H \\
\quad\quad | & \quad\quad | \\
H_2N-C-COOH \quad \text{Glycin} & H_2N-C-COOH \quad \text{Alanin} \\
\quad\quad | & \quad\quad | \\
\quad\quad H & \quad\quad CH_3
\end{array}
$$

Sie reagieren unter Abspaltung von Wasser zu **Peptiden**. Diese sind durch die Peptidgruppe $-\overset{\overset{\displaystyle O}{\|}}{C}-\overset{\displaystyle N}{\underset{\displaystyle H}{|}}-$
untereinander verbunden. Eiweiße sind Makromoleküle, die aus sehr vielen Aminosäure-
molekülen aufgebaut sind.

1   Molekülstruktur von Aminosäuren

2-Aminosäuren sind die Bausteine, aus denen alle Eiweiße aufgebaut sind. Rahme die funktionellen Gruppen ein. Beschrifte die Abbildung.

$$
\text{_____} \quad
\begin{array}{c}
H \\
| \\
H_2N-C-COOH \\
| \\
R
\end{array}
\quad \text{_____}
$$

_____

2   Bildung von Peptiden

a)   Kennzeichne die funktionellen Gruppen, die miteinander reagieren. Umrahme die Atome bzw. Atomgruppen, aus denen bei der Reaktion das Wassermolekül gebildet wird. Rahme die Peptidgruppe im Reaktionsprodukt ein.

$$
\begin{array}{c}
H \\
| \\
H_2N-C-COOH \\
| \\
H
\end{array}
\; + \;
\begin{array}{c}
H \\
| \\
H_2N-C-COOH \\
| \\
CH_3
\end{array}
\; \rightarrow \;
\begin{array}{c}
H \quad\; O \quad\;\; H \\
| \quad \| \quad\; | \\
H_2N-C-C-N-C-COOH \\
| \quad\quad | \quad | \\
H \quad\;\; H \;\; CH_3
\end{array}
\; + \; H_2O
$$

b)   Benenne den Reaktionstyp.   _____

3 Eigenschaften von Eiweißen

Notiere die Ergebnisse zu den folgenden Versuchen. Ergänze den Lückentext.

a) Bei starkem Erhitzen mit Natriumhydroxid _____ .

Als Reaktionsprodukte entstehen u. a. _____ .

b) Bei vorsichtigem Erhitzen _____ .

c) Bei Zugabe von Alkohol, Säuren oder Schwermetallsalzen _____ .

Diese Vorgänge bezeichnet man als _____ . Die Eiweiße verändern dabei

_____ und verlieren somit _____ .

d) Mit konzentrierter Salpetersäure reagieren Eiweiße _____ .

Die Xanthoprotein-Reaktion dient _____ .

e) Mit Kupfersulfat- und Natriumhydroxidlösung reagieren Eiweiße _____ .

Auch diese sogenannte _____ dient dem Nachweis von Eiweißen.

Kunststoffe

▶ Grundwissen

Kunststoffe sind aus synthetisch hergestellten Makromolekülen aufgebaut. Sie werden nach ihren Eigenschaften in **Thermoplaste**, **Duroplaste** und **Elastomere** eingeteilt.

1 Recyceln von Kunststoffen

a) Gib Möglichkeiten der Wiederaufbereitung und Entsorgung von Kunststoffabfällen an.

_____

b) Vervollständige das Schema zur Wiederverwertung von Kunststoffen mithilfe folgender Wortgruppen: Herstellen neuer Kunststoffgegenstände; Vorsortieren der Kunststoffe; Waschen, Trocknen und Trennen der zerkleinerten Kunststoffteilchen; Formen des Altkunststoffgranulats; Erfassen recycelbarer Kunststoffgegenstände; Zerkleinern der Kunststoffe.

2   Kunststoff ist nicht gleich Kunststoff

Ergänze die Übersicht.

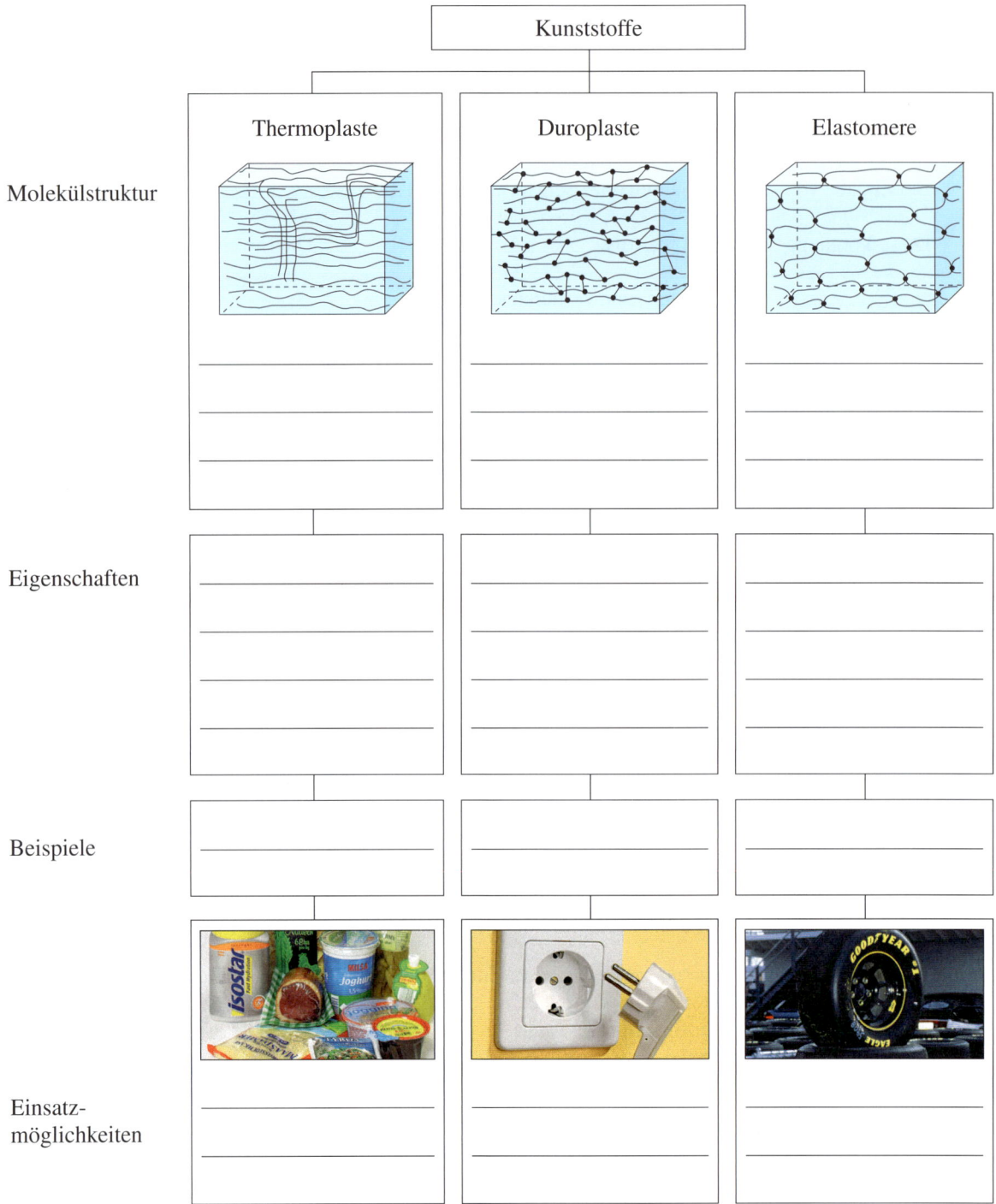

	Kunststoffe	
	Thermoplaste	Duroplaste	Elastomere

Molekülstruktur

Eigenschaften

Beispiele

Einsatz-
möglichkeiten

3   Was steckt hinter der Abkürzung?

Verbinde den Namen des Kunststoffs
mit der richtigen Abkürzung.

Polyethylen	PC
Polyethylenterephthalat	PE
Polycarbonat	PVC
Polyvinylchlorid	PET

Stickstoff

► Grundwissen

Stickstoff ist eine Molekülsubstanz. Er ist ein Hauptbestandteil der Luft. Stickstoff und Stickstoffverbindungen befinden sich in der Natur in einem ständigen **Kreislauf**. Stickstoffverbindungen sind unentbehrlich für die Eiweißsynthese der Pflanzen, Tiere und Menschen.

1 Bau des Stickstoffs

a) Gib die Stellung des Elements Stickstoff im Periodensystem der Elemente an.

_____

b) Leite aus der Stellung des Stickstoffs im Periodensystem den Bau der Atome ab. Zeichne das Schalenmodell eines Stickstoffatoms.

c) Gib die Art der chemischen Bindung im Molekül an. Beschreibe den Bau eines Stickstoffmoleküls.

_____

_____

_____

d) Erstelle einen Steckbrief von Stickstoff.

Steckbrief Stickstoff	
Farbe	
Geruch	
Wirkung auf den Organismus	
Aggregatzustand bei Raumtemperatur	
Brennbarkeit	
Dichte im Vergleich zur Dichte von Luft	
Löslichkeit in Wasser	
Reaktivität	

2 Kreislauf des Stickstoffs

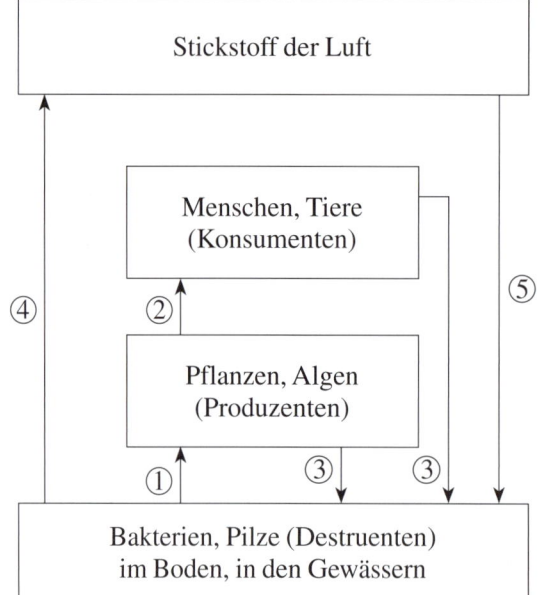

a) Ergänze zu 1 bis 5 Stichworte über die Vorgänge.

① Aufnahme von Stickstoffverbindungen in Form von _____ ;

Aufbau _____

② Aufnahme von _____ mit der Nahrung; Aufbau von

_____

③ _____ von Pflanzen und Tieren; Zersetzung der abgestorbenen Pflanzen und Tiere

durch _____ und _____ im Boden und in den Gewässern zu

_____ und schließlich zu _____ und _____

④ Umwandlung eines Teils der Stickstoffverbindungen in _____

durch bestimmte _____

⑤ Bindung des _____ durch _____

der Schmetterlingsblütler und Aufbau von löslichen Stickstoffverbindungen, die in den Boden oder

in die Gewässer gelangen

b) Gib in Stichworten an, wie der Mensch den natürlichen Stickstoffkreislauf stört.

– _____

_____

– _____

_____

– _____

Ammoniak

▶ Grundwissen

Ammoniak ist eine Molekülsubstanz, in der die Elemente Stickstoff und Wasserstoff gebunden sind. Ammoniak ist eine in der Natur häufig auftretende Verbindung. Es entsteht durch Abbau stickstoffhaltiger pflanzlicher und tierischer Stoffe.

1 Eigenschaften von Ammoniak

Erstelle einen Steckbrief von Ammoniak.

Steckbrief Ammoniak	
Farbe	
Geruch (Vorsicht!)	
Wirkung auf den Organismus	
Aggregatzustand bei Raumtemperatur	
Dichte im Vergleich zur Dichte von Luft	
Löslichkeit in Wasser	
Reaktion mit angefeuchtetem Indikatorpapier	

2 Bau von Ammoniak

Beschreibe den Bau eines Ammoniakmoleküls.

In einem Ammoniakmolekül _____

_____

_____ .

Formel: _____

Formel in Elektronenschreibweise: _____

Besonderheit: Das Ammoniakmolekül ist ein _____ .

3 Wässrige Ammoniaklösung

Eine wässrige Ammoniaklösung wird a) mit Universalindikator versetzt und b) auf elektrische Leitfähigkeit geprüft. Gib die Beobachtungen an und erkläre.

a) Universalindikator: _____

_____

b) Elektrische Leitfähigkeit: _____

_____

Ionengleichung: _____

Vom Ammoniak zum Düngemittel

► Grundwissen

Ammoniak ist eine wichtige Grundchemikalie. Erst durch die technische Ammoniaksynthese wurde die Herstellung von Stickstoffdüngemitteln möglich. Das im Haber-Bosch-Verfahren großtechnisch hergestellte Ammoniak wird im Ostwald-Verfahren zu Salpetersäure umgesetzt. Diese Säure ist Ausgangsstoff zur Herstellung von Düngemitteln.

1   Grundlagen der Ammoniaksynthese im Überblick

Stelle die Grundlagen der Ammoniaksynthese in einem kurzen Überblick zusammen.

a) Reaktionsgleichung: _____

b) Reaktionswärme: _____

c) Volumenverhältnisse: _____

d) Gib an, ob die jeweilige Maßnahme die Bildung oder den Zerfall von Ammoniak begünstigt:

– Erniedrigung der Temperatur: _____   – Verringerung des Drucks: _____

– Erhöhung der Temperatur: _____   – Erhöhung des Drucks: _____

e) Bedingungen, die eine hohe Ausbeute an Ammoniak begünstigen:

_____

f) Größte Wirksamkeit des Katalysators: bei _____ bis _____ im _____

g) Arbeitsprinzipien: _____

2   Ein Kurvendiagramm zur Ammoniaksynthese

1. Gib am Beispiel der Kurve B die Volumenanteile an Ammoniak $\varphi(NH_3)$ bei verschiedenen Temperaturen an.

2. Erläutere die Volumenanteile an Ammoniak $\varphi(NH_3)$ bei der Temperatur von $500\,°C$ und verschiedenen Drücken.

3. Vergleiche die Kurven A, B und C und erläutere die Volumenanteile an Ammoniak $\varphi(NH_3)$ bei verschiedenen Temperaturen und Drücken.

Kurve A: $p = 60$ MPa
Kurve B: $p = 30$ MPa
Kurve C: $p = 0{,}1$ MPa

_____

_____

_____

_____

_____

_____

3 Vom Ammoniak zur Salpetersäure

Die schematische Zeichnung zur Herstellung von Ammoniak und Salpetersäure enthält Ziffern. Löse die den Ziffern zugeordneten Aufgaben.

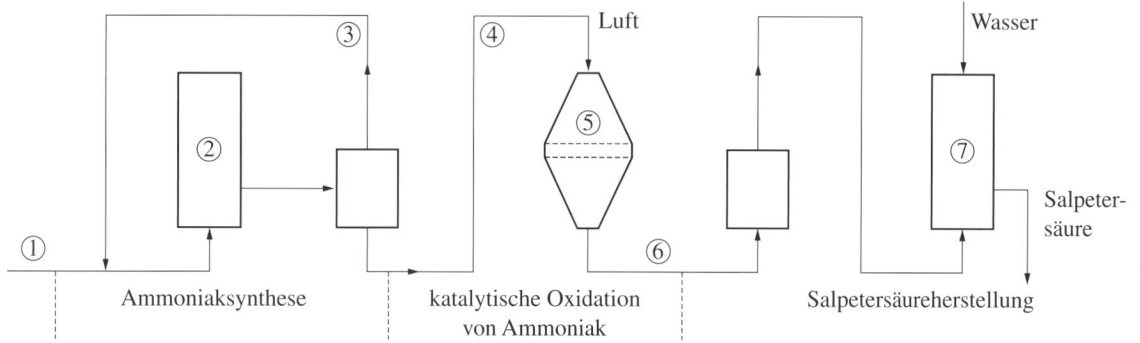

1. Gib die Bestandteile und das Volumenverhältnis im Synthesegas an.

   _____

2. Ergänze die Reaktionsgleichung.

   N_2 +   _____ $\rightleftharpoons$ _____ | exotherm

   Erläutere den Wärmeaustausch.

   _____

   _____

   _____

   _____

3. Erläutere das Kreislaufprinzip.

   _____

   _____

   _____

   _____

4. Gib die Ausgangsstoffe für die katalytische Oxidation an.

   _____

5. Ergänze die Reaktionsgleichung.

   $4\,NH_3$ $+\,5\,O_2$ $\rightleftharpoons$ _____ + _____ | exotherm

6. Ergänze die Reaktionsgleichung für die Oxidation von Stickstoffmonooxid.

   2 _____ $+\,O_2$ $\rightleftharpoons$ _____ | exotherm

7. Ergänze die Reaktionsgleichung für die Bildung der Salpetersäure.

   $4\,NO_2$ $+\,2$ _____ $+\,O_2$ $\rightarrow$ 4 _____ | exotherm

Salpetersäure und Nitrate

▶ Grundwissen

Die Salze der Salpetersäure sind die **Nitrate**. Nitrathaltige Düngemittel werden zur Deckung des Stickstoffbedarfs der Pflanzen eingesetzt.

1 Bildung von Nitrat

Der abgebildete Versuch wird unter dem Abzug durchgeführt.

Beobachtungen: _____

_____

Ergebnis: _____

_____

Reaktionsgleichung: _____

Name des entstandenen Salzes: _____

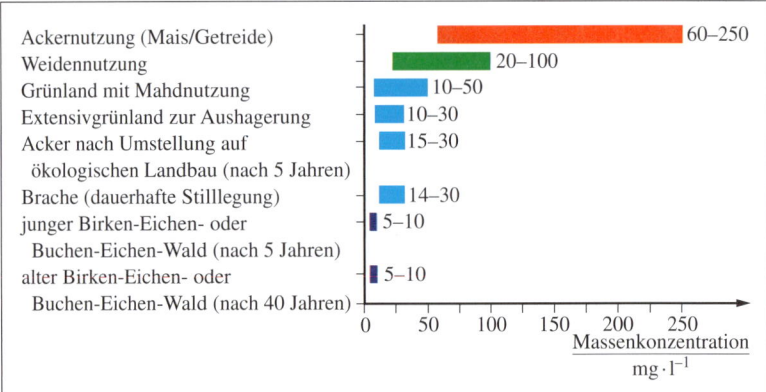

Zinkspäne

verdünnte Salpetersäure

2 Nitrate als Düngemittel

Die folgende Abbildung zeigt die Massenkonzentration an Nitrat im oberflächennahen Grundwasser in Abhängigkeit von der Nutzung.

Ackernutzung (Mais/Getreide) — 60–250
Weidennutzung — 20–100
Grünland mit Mahdnutzung — 10–50
Extensivgrünland zur Aushagerung — 10–30
Acker nach Umstellung auf ökologischen Landbau (nach 5 Jahren) — 15–30
Brache (dauerhafte Stilllegung) — 14–30
junger Birken-Eichen- oder Buchen-Eichen-Wald (nach 5 Jahren) — 5–10
alter Birken-Eichen- oder Buchen-Eichen-Wald (nach 40 Jahren) — 5–10

0   50   100   150   200   250

Massenkonzentration
$\mathrm{mg \cdot l^{-1}}$

a) Erläutere, wie es zum Eintrag von Nitrat ins Grundwasser kommen kann.

_____

_____

_____

_____

b) Fasse die Aussagen aus der Grafik kurz mit eigenen Worten zusammen:

_____

_____

_____

c) Erkläre die Unterschiede in der Konzentration an Nitrat im Grundwasser bei der Nutzung als Anbaufläche für Mais und Getreide und nach der Umstellung auf ökologischen Landbau.

_____

_____

_____

Schwefel

▶ Grundwissen

Schwefel ist ein Element der VI. Hauptgruppe. Er ist eine Molekülsubstanz. Die Schwefelatome können untereinander Atombindungen eingehen und haben die Tendenz, Ketten oder Ringe zu bilden. Schwefel kommt in verschiedenen Modifikationen vor.

1 Eigenschaften von Schwefel

Erstelle einen Steckbrief von Schwefel.

Steckbrief Schwefel	
Farbe	
Geruch	
Wirkung auf den Organismus	
Aggregatzustand bei Raumtemperatur	
Schmelztemperatur	abhängig von der Modifikation
Siedetemperatur	
Löslichkeit in Wasser	
Elektrische Leitfähigkeit	

2 Verhalten von Schwefel beim Erhitzen

Ergänze die Übersicht.

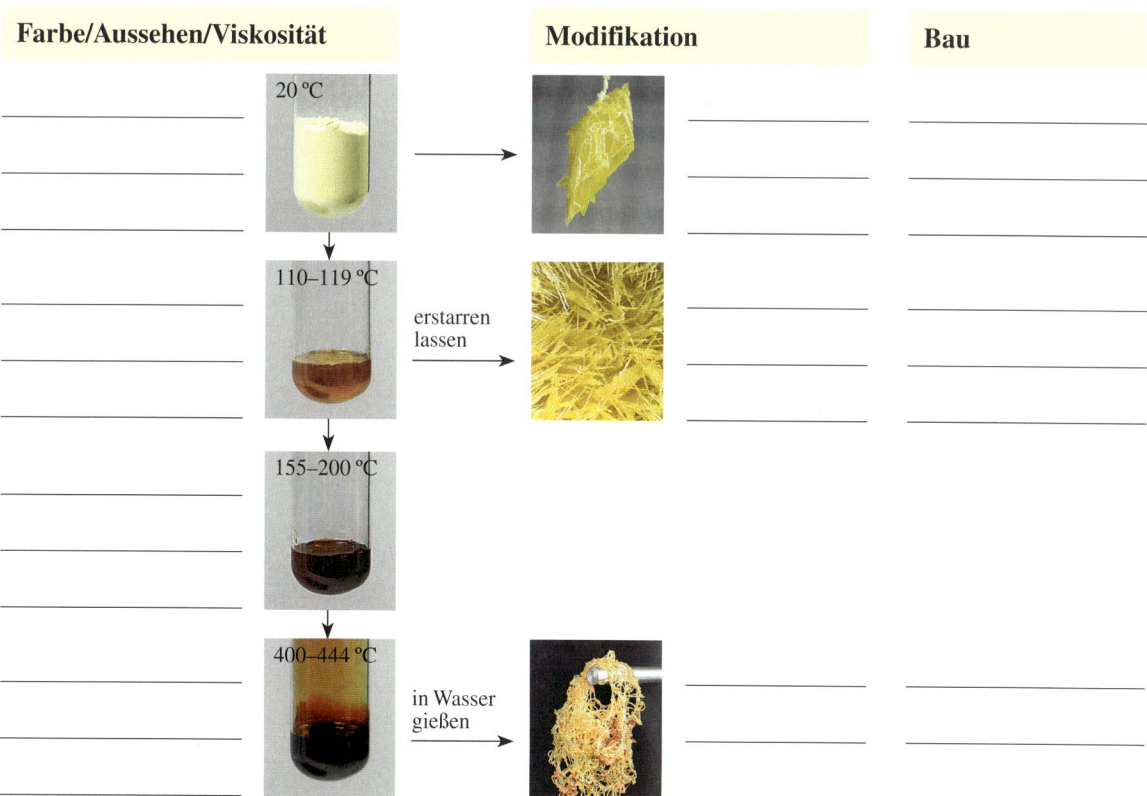

Farbe/Aussehen/Viskosität	Modifikation	Bau
20 °C		
110–119 °C	erstarren lassen	
155–200 °C		
400–444 °C	in Wasser gießen	

Schweflige Säure und Sulfite

▶ Grundwissen

Schweflige Säure H_2SO_3 entsteht beim Einleiten von Schwefeldioxid in Wasser. Sie existiert nur als wässrige Lösung. Die Salze der schwefligen Säure heißen **Sulfite**.

1   Bildung von schwefliger Säure und Sulfiten

a)   Das abgebildete Experiment wird durchgeführt.
Notiere die Beobachtungen und deute sie. Erstelle die Wort- und die Reaktionsgleichung.

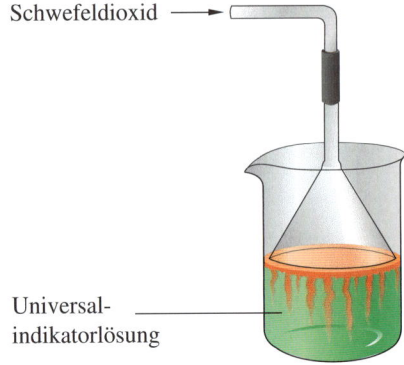

Schwefeldioxid ⟶

Universal-
indikatorlösung

Beobachtung: _____

_____

Deutung: _____

_____

_____

_____

Wortgleichung: _____

Reaktionsgleichung: _____

b)   In die wässrige Lösung des in 1a abgebildeten Experiments wird Magnesiumband gegeben. Beschreibe die zu erwartenden Beobachtungen und deute sie. Erstelle die Wortgleichung und die Reaktionsgleichung.

Beobachtung: _____

_____

Deutung: _____

_____

_____

_____

Wortgleichung: Magnesium + schweflige Säure ⟶ Magnesiumsulfit + Wasserstoff

Reaktionsgleichung: _____

Schwefelsäure und Sulfate

► Grundwissen

Schwefelsäure H_2SO_4 ist eine der bedeutendsten Industriechemikalien. Sie gehört zu den stärksten Säuren und wirkt stark ätzend. Großtechnisch wird Schwefelsäure im Kontaktverfahren hergestellt. Die Salze der Schwefelsäure sind die **Sulfate**. Sie kommen in der Natur in zahlreichen Verbindungen vor und finden in Industrie, Handwerk und Landwirtschaft vielseitige Verwendung.

1 Verwendung von Schwefelsäure

Recherchiere über die Verwendung von Schwefelsäure als Industriechemikalie. Vervollständige die Tabelle.

Verwendung	Beispiele
Reinigungsmittel	
Herstellung von Sulfaten	
Ausgangsstoff in der chemischen Industrie	
Beizmittel	
in der Elektroindustrie	

2 Sulfate – Salze der Schwefelsäure

Löse das Kreuzworträtsel.

1. Chemisch gebundenes Wasser
2. Dient zum Nachweis von Wasser
3. Chemische Bezeichnung für Schwerspat
4. Bestandteil der Tafelkreide
5. Bestandteil von Mineralwässern
6. Nicht wissenschaftlicher Name für Natriumsulfat
7. Erscheinungsform von Gips
8. Wand- und Deckenverzierung aus Gips
9. Vorgang der Bildung von Gips-kristallen unter Einlagerung von Wassermolekülen
10. Farbe des wasserfreien Kupfersulfats
11. Stoffklasse von Schwefel-verbindungen in der Natur
12. „Totgebrannter" Gips

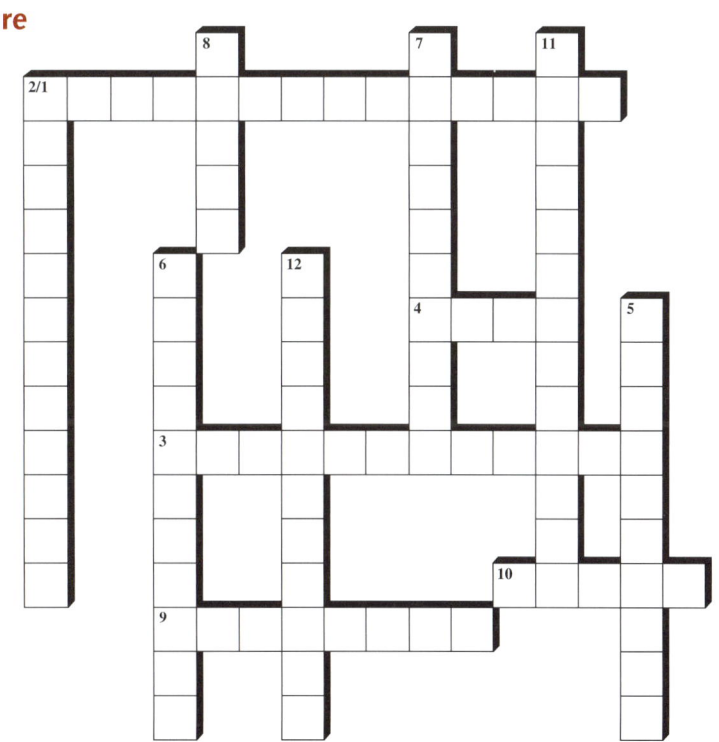

3   Vom Schwefel zur Schwefelsäure

Die Herstellung von Schwefelsäure verläuft in mehreren Teilschritten.
Vervollständige das Schema zur Bildung von Schwefelsäure.

1. Möglichkeit: _____

Wortgleichung:

_____

Reaktionsgleichung:

_____

2. Möglichkeit: _____ , z. B.:

Wortgleichung:

_____

Reaktionsgleichung:

_____

Herstellung von Schwefeldioxid

Formel: _____

Wortgleichung:

_____

Reaktionsgleichung:

_____

Herstellung von

_____

durch _____

_____

Formel: _____

Wortgleichung:

_____

Reaktionsgleichung:

_____

Herstellung von Schwefelsäure

Formel: _____

4 Technische Herstellung von Schwefelsäure

a) Die Tabelle zeigt den Zusammenhang zwischen Temperatur und Ausbeute an Schwefeltrioxid bei der Umsetzung von Schwefeldioxid mit Sauerstoff. Stelle die Werte in einem Diagramm dar. Leite eine wesentlich Aussage aus dem Diagramm ab.

Temperatur in °C	Volumenanteil SO₃ bei der umkehrbaren Reaktion
400	98 %
500	89 %
600	70 %
700	46 %
800	25 %

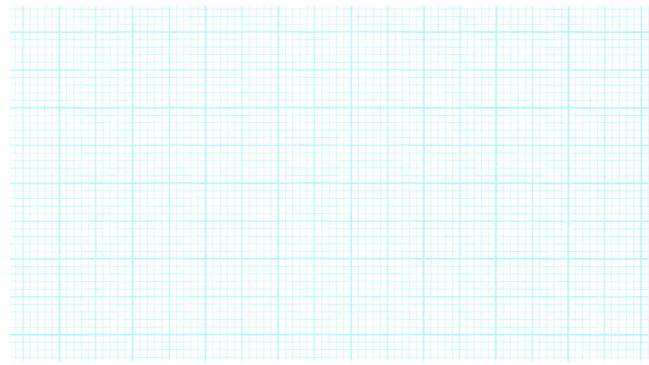

_____

b) Begründe den Einsatz eines Katalysators bei der technischen Durchführung.

_____

_____

_____

c) Gib die Bedingungen an, unter denen die Bildung von Schwefeldioxid in der Technik durchgeführt wird.

Temperatur: _____

Katalysator: _____

Zusammensetzung des Ausgangsgemischs:

_____

Ausbeute an Schwefeltrioxid:

_____

d) Die Reaktion von Schwefeldioxid mit Sauerstoff zu Schwefeltrioxid verläuft stark exotherm. Erläutere die Konsequenzen, die sich hieraus für die technische Umsetzung ergeben.

_____

_____

_____

e) Gib an, wie das Reaktionsprodukt zu Schwefelsäure umgesetzt wird.

_____

Reaktionsgleichungen:

_____

_____

5 Chemisches Ringelspiel

1. Vervollständige die Reaktionsgleichungen:

a) Calciumsulfat und Kohlenstoff reagieren beim Erhitzen zu Schwefeldioxid, Kohlenstoffdioxid und Stoff 1 .

$$\underline{\hspace{4cm}} + C \rightarrow 2\, SO_2 + CO_2 + \boxed{\underline{\hspace{3cm}}}$$

b) Stoff 1 reagiert mit Wasser zu einer basischen Lösung.

$$\boxed{\underline{\hspace{3cm}}} + H_2O \rightarrow \underline{\hspace{3cm}}$$

$$\underline{\hspace{4cm}} \rightarrow \underline{\hspace{2cm}} + 2\, OH^-$$

Das kann man mit einem $\underline{\hspace{4cm}}$ nachweisen.

c) Stoff 1 reagiert mit Salzsäure zu einer farblosen Lösung, die Stoff 2 enthält.

$$\boxed{\underline{\hspace{3cm}}} + 2\, HCl \rightarrow \boxed{\underline{\hspace{3cm}}} + H_2O$$

d) Schwefeldioxid kann katalytisch zu Stoff 3 oxidiert werden.

$$2\, SO_2 + \underline{\hspace{2cm}} \rightarrow \boxed{\underline{\hspace{3cm}}}$$

e) Stoff 3 reagiert mit Wasser zu Stoff 4 .

$$\boxed{\underline{\hspace{3cm}}} + H_2O \rightarrow \boxed{\underline{\hspace{3cm}}}$$

f) Die Lösung von Stoff 2 reagiert mit der Lösung von Stoff 4 unter Bildung eines Niederschlags.

$$\boxed{\underline{\hspace{3cm}}} + \boxed{\underline{\hspace{3cm}}} \rightarrow \underline{\hspace{3cm}} + 2\, HCl$$

Schon haben wir einen der Ausgangsstoffe von 5a wieder. Es handelt sich um

$$\underline{\hspace{6cm}}\,.$$

Dieser Stoff entsteht unter anderem in Anlagen von Kraftwerken, die dem Umweltschutz dienen. Solche

Anlagen werden als $\underline{\hspace{8cm}}$ bezeichnet.

Mit diesen Anlagen wird erreicht, dass $\underline{\hspace{6cm}}$

$$\underline{\hspace{15cm}}$$

$$\underline{\hspace{15cm}}$$

2. Gib Beispiele an, wie dieser Stoff in der Bauindustrie und im Baugewerbe verwendet wird.

$$\underline{\hspace{15cm}}$$

$$\underline{\hspace{15cm}}$$

$$\underline{\hspace{15cm}}$$

1 Ordnen von Stoffen

a) Bringe folgende Begriffe in ein logisches hierarchisches System und ergänze die Übersicht:

chemische Elemente, chemische Verbindungen, Emulsion, Gemenge, Halbmetalle, Legierung, Lösung, Metalle, Metallhydroxide (Basen), Metalloxide, Nichtmetalle, Nichtmetalloxide, Oxide, Reinstoffe, Salze, Säuren, Stoffe, Stoffgemische.

```
                    ┌──────────┐
                    │  Stoffe  │
                    └──────────┘
          ┌─────────────┴─────────────────┐
```

b) Ordne die folgenden Stoffe in die jeweils unterste Begriffsebene des Systems ein.

Stoff	Einordnung in das Begriffssystem
Bronze	
Calcium	
Calciumhydroxid	
Chlor	
Cobalt	
Granit	
Kochsalzlösung	
Kupfersulfat	
Manganoxid	
Milch	
Natriumhydroxid	
Neusilber	
Phosphorsäure	
Sauerstoff	
Schwefeldioxid	
Silicium	

c) Stoffe lassen sich auch nach ihrer Struktur einteilen. Ordne folgende Stoffe Stoffklassen zu: Kochsalz, Schwefel, Sauerstoff, Aluminium, Kohlenstoffdioxid, Blei, Kaliumhydroxid, Bariumsulfat, Lithium. Finde noch jeweils ein eigenes Beispiel.

Stoffklasse	Metalle	Ionensubstanzen	Molekülsubstanzen
Stoffe			

2 Struktur und Eigenschaften von Stoffen

Ergänze die Übersicht.

Stoffklasse	Metalle	Ionensubstanzen	Molekülsubstanzen
Beispiel für einen Stoff	Magnesium	Lithiumbromid	
Struktur der Stoffe – Teilchenmodell von der Struktur der Stoffe			
– Art der Teilchen			
– Chemische Bindung			
Eigenschaften der Stoffe – Schmelz- und Siedetemperatur			
– Elektrische Leitfähigkeit			
– Festigkeit			
– Verformbarkeit			

3 Wertvolle Metalle

Metalle sind als wertvolle Werkstoffe geschätzt. Notiere Eigenschaften der angegebenen Metalle und ordne ihnen Verwendungen zu, die sich aus den Eigenschaften ableiten lassen.

Metall	Eigenschaften	Verwendung
Kupfer		
Silber		
Titan		
Magnesium		

4 Gase unterscheiden

a) Welches Gas ist in welchem Gefäß? Ergänze die Tabelle.

Experiment-anordnung	Brennender/ Glühender Holzpan	Calcium-hydroxid-lösung	Name, chemisches Zeichen	Weitere Eigenschaften
	verlischt	bleibt farblos		
	flammt auf	bleibt farblos		
	entzündet das Gas	bleibt farblos		
	verlischt	wird milchig weiß		

b) Begründe, weshalb bei zwei Zylindern die Öffnungen nach oben, bei den anderen aber nach unten gerichtet sind.

5 Nachweisreaktionen im Überblick

Ergänze die Angaben in der Tabelle.

Nachweis von	Experimentanordnung	Nachweis durch	Beobachtung
Sauerstoff			
Wasserstoff			Reiner Wasserstoff brennt ruhig mit schwach blauer Flamme.
Wasser			
Hydronium-Ionen		z. B.	
Hydroxid-Ionen		z. B.	
Halogenid-Ionen			weiße bis gelbgrüne, käsige Niederschläge
		Bariumchloridlösung	
Kohlenstoff-dioxid / Carbonat-Ionen		Kalkwasser bzw. Salzsäure und Kalkwasser	
Nitrat- und Phosphat-Ionen			

6 Säuren, Basen, Salze

Löse das Kreuzworträtsel. Beachte: ä = ae, ö = oe, ü = ue.

1. Ist im Magensaft enthalten; **2.** Seine chemische Formel ist OH⁻; **3.** Teilchen, das die Rotfärbung des Universalindikators bewirkt; **4.** Wird zum Nachweis von CO_2 verwendet; **5.** Seine chemische Formel ist SO_4^{2-}; **6.** Molekülsubstanz, die in Wasser gelöst eine basische Lösung bildet; **7.** Bewirkt den prickelnden Effekt in Erfrischungsgetränken; **8.** Wird zur Herstellung von Schmierseife verwendet; **9.** Ergeben in Wasser gelöst basische Lösungen; **10.** Wird zur Herstellung von Kernseife verwendet; **11.** Säuren dissoziieren in Wasser in Wasserstoff-Ionen und …; **12.** Das „Blut" der Chemie; **13.** Metallverbindungen, die in Wasser gelöst basische Lösungen ergeben; **14.** Säurerest-Ion der schwefligen Säure; **15.** Bildung eines schwer löslichen Salzes; **16.** Ergeben in Wasser gelöst saure Lösungen.

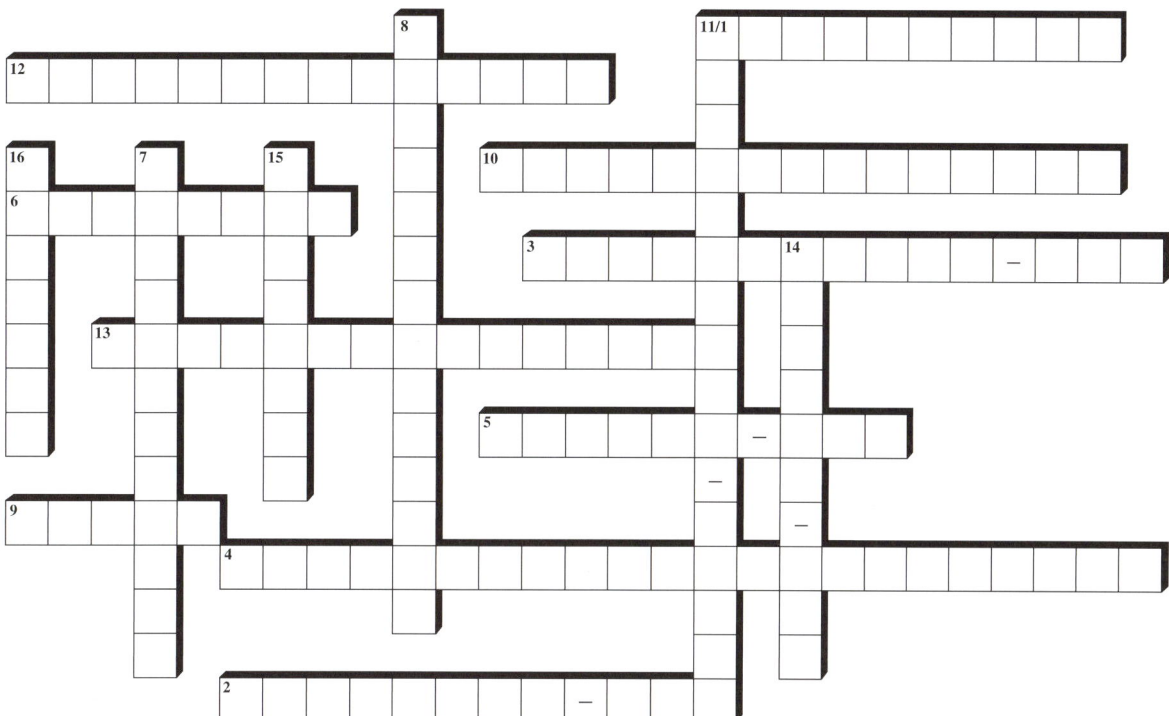

7 Einige Reaktionsarten

a) Ergänze jeweils die Aussage. Gib zu jeder Reaktion die Reaktionsart an sowie eine praktische Bedeutung.

Reaktion	Reaktionsart	Praktische Bedeutung
Eine saure Lösung reagiert mit einer basischen Lösung zu einer neutralen Lösung.		
Ein unedles Metall reagiert mit Sauerstoff zu einem _____ .		
Ein Alkan reagiert mit Sauerstoff zu _____ .		
Ein Metalloxid reagiert mit Kohlenstoff zu _____ .		

b)   Entwickle die Reaktionsgleichungen. Gib jeweils die Reaktionsart an.

Reaktionsgleichung	Reaktionsart
Natronlauge reagiert mit schwefliger Säure.	
Butan verbrennt unvollständig.	
Eisenoxid reagiert mit Magnesium.	
Silbernitratlösung reagiert mit Kaliumchloridlösung.	
Propan verbrennt vollständig.	
Schwefel reagiert mit Sauerstoff.	
Aluminium reagiert mit Salzsäure.	

8   Organische Verbindungen

Bringe die folgenden Begriffe in ein logisches hierarchisches System und ergänze die Übersicht:

Alkane, Alkanole, Alkansäuren, Alkene, Alkine, Derivate der Kohlenwasserstoffe, Ester, gesättigte Kohlenwasserstoffe, Halogenalkane, halogenhaltige Derivate, Kohlenwasserstoffe, organische Verbindungen, sauerstoffhaltige Derivate, ungesättigte Kohlenwasserstoffe.

organische Verbindungen

9　Strukturmerkmale und funktionelle Gruppen organischer Verbindungen

Ergänze die Angaben in der Tabelle.

Stoffklasse	Strukturmerkmal/funktionelle Gruppe	Bezeichnung des Strukturmerkmals/der funktionellen Gruppe	Beispiel
		Einfachbindung	Propan
	$\diagdown_{\diagup}C = C_{\diagdown}^{\diagup}$		
Alkine			
	$-O-H$		
Alkansäuren			
			Ethansäureethylester

10　Addition, Substitution oder Eliminierung

Entscheide, ob Addition (A), Substitution (S) oder Eliminierung (E) vorliegt. Kreuze die entsprechende Reaktionsart in der Tabelle an.

Chemische Reaktion		A	S	E
1. $CHCl_3 + Cl_2$	$\rightarrow CCl_4 + HCl$			
2. $CH \equiv CH + H_2$	$\rightarrow CH_2 = CH_2$			
3. $CH_3 - CHCl - CH_3$	$\rightarrow CH_3 - CH = CH_2 + HCl$			
4. $CH_3 - CH_2 - CH_2 - CH_3 + Br_2$	$\rightarrow CH_2Br - CH_2 - CH_2 - CH_3 + HBr$			
5. $CH_3 - CH = CH - CH_3 + Cl_2$	$\rightarrow CH_3 - CHCl - CHCl - CH_3$			
6. $CH_3 - CH_2 - OH$	$\rightarrow CH_2 = CH_2 + H_2O$			
7. $CH_3 - C{\overset{O}{\underset{OH}{\diagup}}} + HO - CH_3$	$\rightarrow CH_3 - C{\overset{O}{\underset{O-CH_3}{\diagup}}} + H_2O$			

11   Merkmale chemischer Reaktionen

a)   Nenne die Merkmale einer chemischen Reaktion.

_____

_____

b)   Erläutere am Beispiel der Bildung von Chlorwasserstoff aus den Elementen die Merkmale chemischer Reaktionen. Gehe dabei von der Reaktionsgleichung aus.

Reaktionsgleichung: _____

1. Merkmal: _____ Eigenschaften

	Wasserstoff	Chlor	Chlorwasserstoff

2. Merkmal:

_____

_____

3. Merkmal:

_____

_____

_____

12   Für die Umwelt: Dreiwegekatalysator

Im Dreiwegekatalysator von Kraftfahrzeugen werden Luftschadstoffe wie Kohlenwasserstoffe, Kohlenstoffmonooxid und Stickstoffoxide „entgiftet".

a)   Reaktionsgleichungen für einige stattfindende chemische Reaktionen sind zum Beispiel:
a) $C_7H_{16} + 11\,O_2 \rightarrow 7\,CO_2 + 8\,H_2O$
b) $CO + H_2O \rightarrow CO_2 + H_2$
c) $2\,NO + 2\,CO \rightarrow N_2 + 2\,CO_2$

Gib an, welche Reaktionsarten vorliegen, und begründe deine Antwort.

_____

_____

b)   Obwohl Pkws mit Katalysatoren ausgestattet sind, riechen sie nach dem Kaltstart intensiv nach Auto-abgasen. Dieser Geruch ist nach dem Erreichen der Betriebstemperatur nicht mehr festzustellen. Deute diese Beobachtung.

_____

_____